Z式引板整体式桥台无伸缩缝桥技术研究

——以深圳市南坪快速路三期工程马峦立交主线桥为例

夏少华　吴连波　刘烈恒　王梦雨　著

人民交通出版社股份有限公司

北京

内 容 提 要

本书围绕整体式桥台无伸缩缝桥，基于深圳市市政设计研究院有限公司设计的南坪快速路三期工程马峦立交主线桥工程实践以及近年来在无伸缩缝桥梁研究方面的部分成果编写而成。本书通过对整体桥桩-土相互作用研究和Z式引板工作机理的研究，保证桥梁施工过程中的安全性、稳定性与可控性，结合国内现阶段无伸缩缝桥梁的研究与工程应用现状，解决此类结构在设计和施工过程中的关键性技术问题，具有重要的工程应用和推广价值。本书将理论与工程应用相结合，为今后同类桥梁设计与应用提供重要理论指导和经验借鉴。

本书可供从事桥梁工程设计、施工、科研等工作者参考。

图书在版编目(CIP)数据

Z式引板整体式桥台无伸缩缝桥技术研究：以深圳市南坪快速路三期工程马峦立交主线桥为例／夏少华等著．— 北京：人民交通出版社股份有限公司，2023.12
ISBN 978-7-114-19225-8

Ⅰ.①Z… Ⅱ.①夏… Ⅲ.①跨线桥—桥梁施工—研究 Ⅳ.①U448.17

中国国家版本馆 CIP 数据核字(2023)第 248619 号

Z Shi Yinban Zhengtishi Qiaotai Wushensuofengqiao Jishu Yanjiu
——yi Shenzhen Shi Nanping Kuaisulu Sanqi Gongcheng Maluan Lijiao Zhuxianqiao Weili

书　　名：	Z式引板整体式桥台无伸缩缝桥技术研究——以深圳市南坪快速路三期工程马峦立交主线桥为例
著　作　者：	夏少华　吴连波　刘烈恒　王梦雨
责任编辑：	齐黄柏盈
责任校对：	孙国靖　刘　璇
责任印制：	刘高彤
出版发行：	人民交通出版社股份有限公司
地　　址：	(100011)北京市朝阳区安定门外外馆斜街3号
网　　址：	http://www.ccpcl.com.cn
销售电话：	(010)59757973
总 经 销：	人民交通出版社股份有限公司发行部
经　　销：	各地新华书店
印　　刷：	北京印匠彩色印刷有限公司
开　　本：	787×1092　1/16
印　　张：	6.5
字　　数：	152 千
版　　次：	2023 年 12 月　第 1 版
印　　次：	2023 年 12 月　第 1 次印刷
书　　号：	ISBN 978-7-114-19225-8
定　　价：	48.00 元

(有印刷、装订质量问题的图书，由本公司负责调换)

前言
PREFACE

无伸缩缝桥梁(简称"无缝桥")取消了伸缩缝,可从根本上避免伸缩缝、桥头引板病害及桥头跳车等问题,具有整体性好、耐久性强、维护成本低、行车舒适度好的特点,是桥梁设计理念的一种创新。美国从20世纪20—30年代开始修建无缝桥。此后,这种桥梁在加拿大、美国、澳大利亚、日本等国,以及欧洲、东南亚、南亚等区域得到了大量的研究和应用,仅美国就建成了数万座无缝桥。

我国对无缝桥的研究起步较晚,发展较缓慢,20世纪80年代才开始取消伸缩装置并进行无缝桥的研究与应用。目前,全国已建无缝桥约40座。湖南省长沙市城南路高架桥是国内第一座半整体式无缝桥,于1999年1月建成通车;广东省清远市四九桥是国内第一座整体式无缝桥,于2000年1月建成通车;由深圳市市政设计研究院有限公司设计的马峦立交主线桥是国内城市快速路上的第一座整体式无缝桥,于2018年5月建成通车。

我国是桥梁大国,据交通运输部统计资料,截至2022年底,全国有公路桥梁103.32万座,其中中小桥86.48万座,占83.7%。大多数桥梁在运营多年后都暴露出支座和伸缩缝的病害,使养护管理任务加重,因此,推广与应用无缝桥技术,促进我国桥梁事业的发展,显得尤为迫切。

本书以深圳市南坪快速路三期工程马峦立交主线桥为例进行研究,重点针对该桥整体桥桩-土相互作用Z式引板工作机理进行研究,系统总结相关研究成果,为该桥的顺利施工及正常运营提供技术保障。目前,该桥已运营5年,状况良好。

本书在编写的过程中,力求把最新的研究及计算成果介绍给读者,期望对读者能有一些启发和帮助。尽管如此,限于作者水平及无缝桥技术理论的持续研究,书中难免有不妥之处,还请读者不吝批评、指正。

作 者
2023年11月

目录

CONTENTS

第 1 章　绪论 ··· 1
    1.1　工程概述 ··· 1
    1.2　研究及应用现状 ··· 10
    1.3　研究意义 ··· 16
    1.4　总体研究方案 ·· 17

第 2 章　桩-土相互作用拟静力试验设计 ····························· 18
    2.1　试验模型设计 ·· 18
    2.2　试验装置及加载方案 ··· 23
    2.3　本章小结 ··· 25

第 3 章　桩-土相互作用拟静力试验结果分析 ······················ 26
    3.1　拟静力试验现象 ·· 26
    3.2　滞回曲线 ··· 27
    3.3　骨架曲线 ··· 30
    3.4　桩基位移及弯矩 ·· 32
    3.5　p-y 曲线 ··· 33
    3.6　本章小结 ··· 35

第 4 章　桩-土相互作用有限元分析 ··································· 37
    4.1　有限元模型 ·· 37
    4.2　试验结果与有限元结果对比 ······································· 41
    4.3　本章小结 ··· 43

第 5 章 整体桥桩 p-y 曲线分析 ······ 44
5.1 桩 p-y 曲线建立 ······ 44
5.2 结构计算模型 ······ 47
5.3 主要材料 ······ 48
5.4 设计荷载 ······ 49
5.5 荷载组合工况 ······ 52
5.6 边界条件 ······ 54
5.7 主桥主梁结构验算 ······ 58
5.8 主桥下部结构验算 ······ 65
5.9 本章小结 ······ 69

第 6 章 Z 式引板试验研究 ······ 70
6.1 试验模型设计与制作 ······ 70
6.2 砂土材性试验 ······ 78
6.3 本章小结 ······ 78

第 7 章 Z 式引板试验结果分析 ······ 79
7.1 荷载-近台端纵桥向位移曲线 ······ 79
7.2 Z 式引板测点数据分析及引板裂缝开展 ······ 80
7.3 本章小结 ······ 82

第 8 章 Z 式引板有限元分析 ······ 84
8.1 有限元模型建立 ······ 84
8.2 有限元模型校验 ······ 87
8.3 参数分析 ······ 87
8.4 Z 式引板远台端路面平整度分析 ······ 90
8.5 本章小结 ······ 92

参考文献 ······ 93

第1章 绪论

1.1 工程概述

深圳市南坪快速路三期工程线位经过马峦山公园,桥址处对生态环境保护的要求高,客观条件要求结构设计必须具备:①最大限度减少桥梁养护维修的次数和费用;②较快的施工进度。因此,深圳市南坪快速路三期工程马峦立交主线桥采用整体式桥台无伸缩缝桥梁形式。

1.1.1 桥型布置

桥梁分为左、右两幅,为 28.96m + 30m + 28.96m = 87.92m 连续箱梁,取消了伸缩缝和支座的设置。马峦立交主线桥桥型布置图如图 1-1 所示。

1.1.2 主梁横断面

桥梁单幅横断面布置为:0.5m(栏杆)+16m(行车道)+0.5m(检修道及栏杆)=17m。单向横坡2%。每幅箱梁均为单箱三室断面,每幅箱梁全宽17m,单箱室底宽3.95m,箱梁外侧悬挑2.25m,悬挑端部厚20cm,根部厚40cm,箱梁顶板标准厚度为25cm,横梁附近1.2m范围内顶板加厚至45cm。桥梁横断面图详见图1-2。

1.1.3 主梁-桥墩节点

桥墩墩柱采用两根 180cm×120cm 的矩形墩,桥墩与主梁固结,墩柱下接 1 根 φ180cm 的钻(冲)孔灌注桩,桩基顶部设置系梁。该桥采用墩梁固结的方式,取消桥墩处的伸缩装置和伸缩缝。桥墩及基础一般结构如图1-3所示。

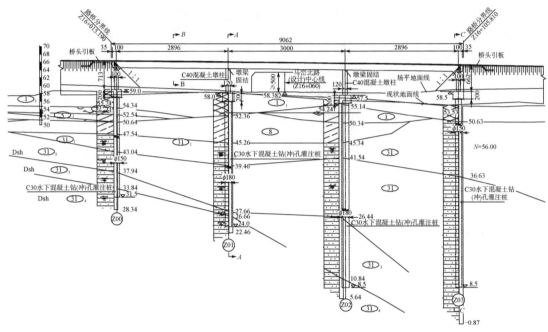

a)立面图(沿道路设计线展开)

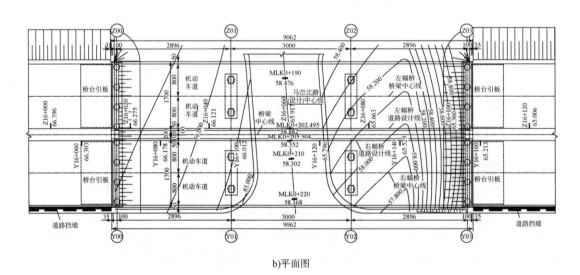

b)平面图

图1-1 马峦立交主线桥桥型布置图(尺寸单位:cm;高程单位:m)

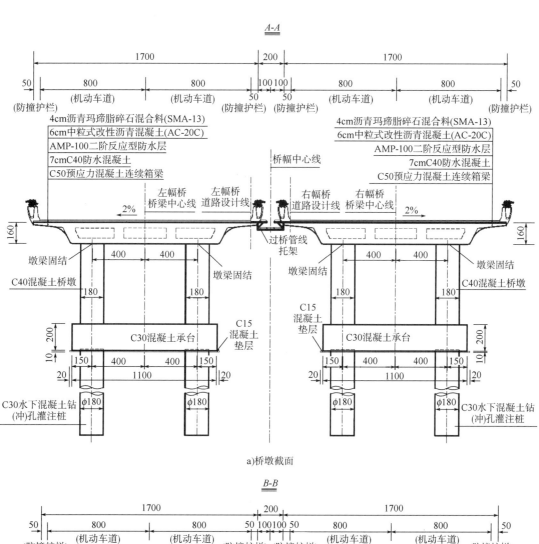

图 1-2

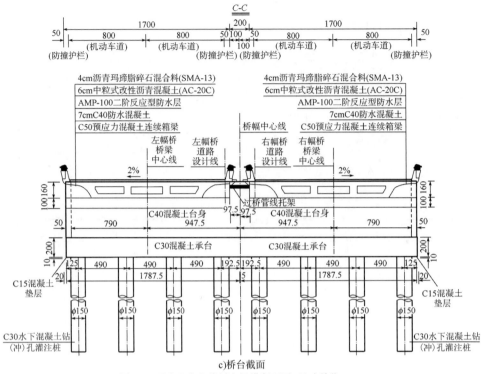

图 1-2 马峦立交主线桥主梁横断面图(尺寸单位:cm)

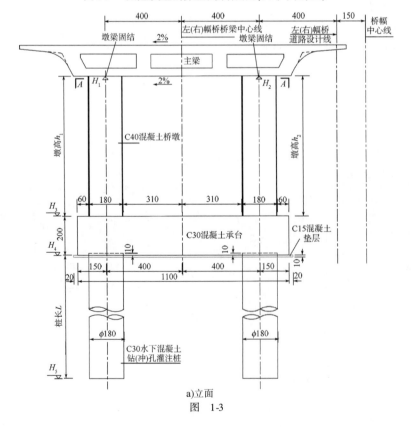

a)立面

图 1-3

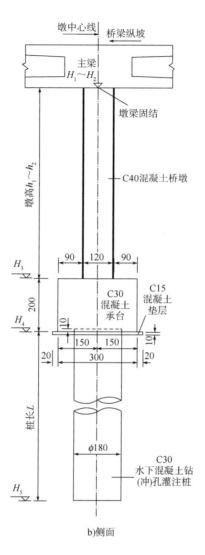

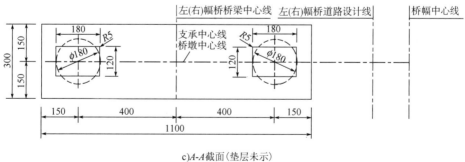

b) 侧面

c) A-A 截面(垫层未示)

图 1-3 马峦立交主线桥桥墩及基础一般结构图(尺寸单位:cm)

1.1.4 主梁-桥台节点

如图 1-4 所示,该桥采用整体式桥台设计,取消了桥台处的伸缩装置和伸缩缝。该桥桥台与上部结构固结成整体,台身厚度为 1m,桥台下接 4 根 $\phi150cm$ 的钻(冲)孔灌注桩。

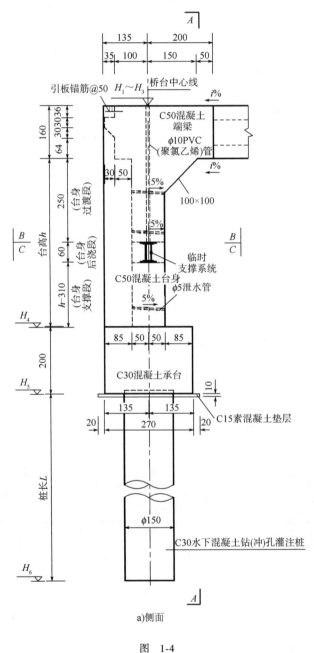

a) 侧面

图 1-4

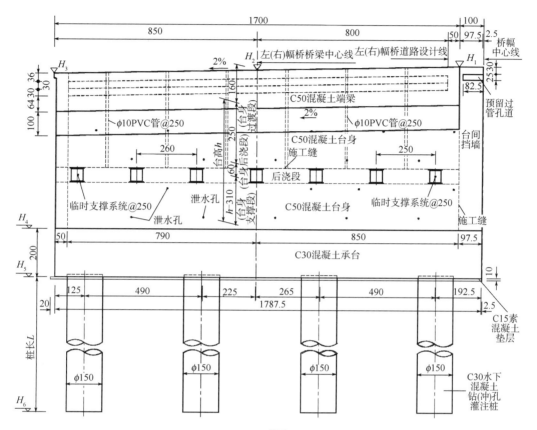

b) A-A 截面

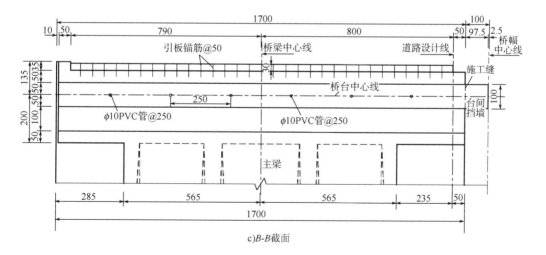

c) B-B 截面

图 1-4

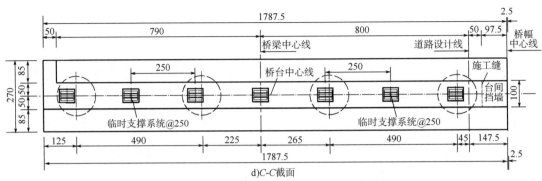

d) C-C 截面

图 1-4 马峦立交主线桥整体式桥台及基础一般构造图（尺寸单位：cm）

1.1.5 桥台引板

桥台引板采用 Z 式引板。Z 式引板包含上板（水平长度 5.055m，厚度 35cm）、斜板（水平长度 1.074m，厚度 21cm）和下板（水平长度 1.871m，厚度 25cm）。斜板与水平线夹角为 45°。在上板的底面和下板的顶底面均布置厚度为 3cm 的细砂层。细砂层起到滑移材料的作用，可减小 Z 式引板在主梁纵桥向变形作用下，引板与水稳层之间的摩擦力。在斜板的顶底面布置 25mm 的聚苯乙烯。聚苯乙烯层可适当压缩，帮助 Z 式引板吸纳主梁传递而来的纵桥向变形。在下板远离桥台侧的端部布置 25mm 的聚苯乙烯。马峦立交主线桥桥台引板构造如图 1-5 所示。

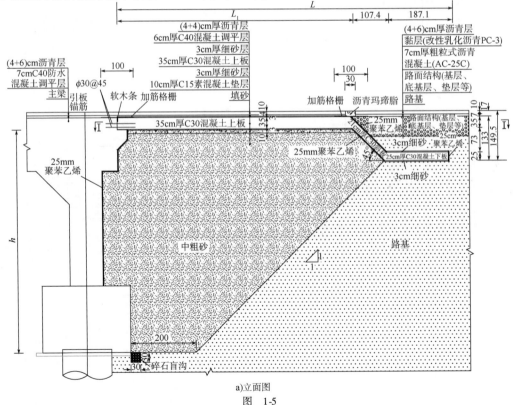

a) 立面图

图 1-5

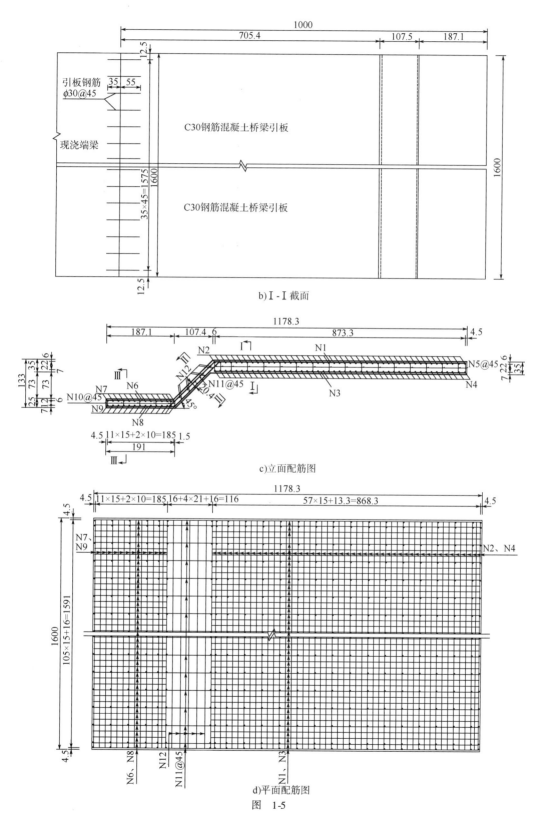

图 1-5

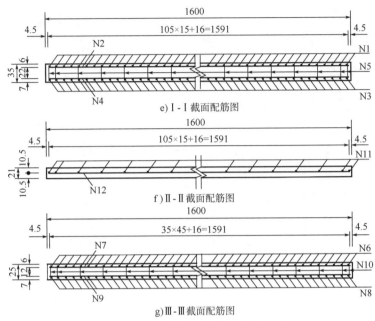

图 1-5 马峦立交主线桥桥台引板构造图(尺寸单位:cm)

1.2 研究及应用现状

1.2.1 无伸缩缝桥梁应用现状

相关调查表明,桥梁伸缩缝的破坏现象十分严重,我国公路桥梁中 70% 以上都存在桥梁伸缩缝破损和桥头跳车等问题。全国每年用于维修、更换伸缩缝的费用十分惊人,而因桥梁维修造成交通中断等带来的间接损失更大。20 世纪 70 年代,美国结构工程师 Henry Derthick 提出的一个哲理性概念"The only good joint is no joint"(最好的伸缩缝即是无伸缩缝)。为此,无缝桥的概念被提出并逐渐推广。无缝桥梁在经济发达国家和地区,如美国、欧洲、日本等已经得到了大量应用且仍在不断发展。无缝桥的大量使用源于其具有许多优点。无缝桥的最大好处在于取消伸缩缝和支座,从而降低建设和长期维护成本。无缝桥可减少融雪剂等化学品的影响,降低冲击荷载,改善行车质量,提高结构抗震性能。美国马里兰大学 2009 年调查结果显示,无缝桥已经在美国 41 个州中使用,普及率较高。美国共建成无缝桥 16900 多座,占全部桥梁的 3%。在各州中,密苏里州有 4000 多座,田纳西州有 2000 多座,艾奥瓦州、堪萨斯州、华盛顿州等都超过了 1000 座。此外,加拿大的许多省都已经建造了无缝桥,且使用情况良好。到 2005 年,加拿大安大略省 60% 的桥梁均为无缝桥。无缝桥在欧洲起步较晚,且不如北美应用广泛,但既有工程实例所取得的成功让越来越多的欧洲国家认识到无缝桥的优势,从而推动其快速发展。2005 年,由德国、瑞典、比利时和卢森堡共同组织的"无缝桥的经济与耐久性设计"项目对无缝桥的使用开展研究。2006年,一个由欧洲8个国家参与,专门针对无缝桥的设计、施工和养护的国际研讨会在瑞典召开。近年来,英国、德国、瑞士、瑞典、芬兰、意大利等国修建无缝桥的数量不断上升,技术也在不断进步。其中,意大利不仅将无缝桥的概念应用于新建桥梁中,还将其应用于既有桥梁的无缝化改造中。此外,无缝桥在亚洲也有一些应用,1991年和1993年,日本专门针对无缝桥进行了统计,并于1995年出版了既有桥梁无缝化改造的设计和施工手册。澳大利亚昆士兰州从1975年至2022年间大约建造了200座无缝桥。新西兰早在20世纪30年代就开始修建无缝桥,开始只建造跨径比较小的整体桥,到20世纪50年代,整体桥已经成为新西兰最常用的一种桥型。

  目前,桥台处取消伸缩缝和伸缩装置的做法主要是采用整体式桥台、半整体式桥台和延伸桥面板式桥台,如图1-6所示。其中,整体式桥台桥梁(简称"整体桥")的主梁与桥台之间不设伸缩缝,无伸缩装置,也不设支座,桥台与上部结构是一个整体;半整体式桥台桥梁(简称"半整体桥")的梁与桥台不完全地连成整体,桥台与主梁之间也没有伸缩缝和伸缩装置,但一般设有支座;延伸桥面板式桥梁(简称"延伸桥面板桥")将主梁的伸缩缝置于桥台背墙后,桥面板从主梁向台后延伸,跨越背墙顶面与引道相接,桥面板无伸缩缝,桥台与梁相接处无伸缩装置。这三种桥台结构不仅适用于新建桥梁,也可用于既有桥梁的无缝化改造。通过对比国内外三种无缝桥的应用数量和使用效果,发现整体桥应用最多、范围最广,且整体桥能完全取消伸缩缝、伸缩装置和支座,使用效果最佳。因此,本项目首先考虑整体桥方案。整体桥由于其受力变形的实质和难点为结构与土的共同作用,情况较为复杂,国内外一直没有成熟公认的设计原则和标准。究其原因在于,这种桥型结构与当地的温度和地质条件相关性很大,与当地的工程经验与习惯做法也密切相关。因此,尽管国外已有大量的工程实践,应用到我国却无法照搬照套,需要结合本地具体实际,在工程背景下开展应用研究。

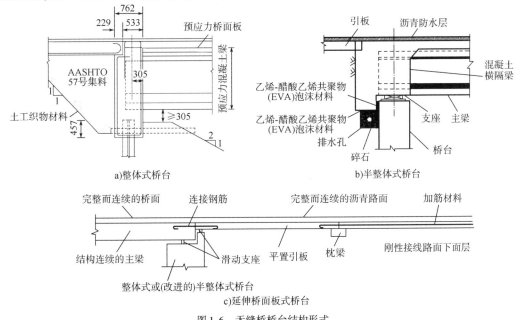

图1-6 无缝桥桥台结构形式

我国的无缝桥发展起步较晚。第一座半整体桥为湖南省长沙市城南路高架桥,于1999年1月建成通车;第一座整体桥为广东省清远市四九桥,于2000年1月建成通车。2004年,由福州大学主持设计的永春上坂大桥是当年我国总长度最长的整体桥。近十年,无缝桥在我国的应用越来越多,发展迅速。当前,全国已建的无缝桥已达40余座。由福州大学主持设计的无缝桥在福建省、河北省和陕西省等地已经设计或建成20余座。2014年3月,由可持续与创新桥梁福建省高校工程研究中心(SIBERC)和国际桥梁抗震协会(IBSC)共同举办的第一届无伸缩缝桥梁国际学术研讨会分别在石家庄、福州大学召开。来自中国、美国、加拿大、意大利、瑞典、德国、奥地利和新西兰等国的桥梁专家参加了会议。会议分两个半程,前半程在河北省石家庄市进行石安改扩建项目无缝桥等技术研讨与参观,后半程在福州大学举行学术专题研讨。2016年5月12—14日,由国际无伸缩缝桥梁协会和福州大学主办、可持续与创新桥梁福建省高校工程研究中心承办的第一届无伸缩缝与可持续桥梁国际学术研讨会在福州举办。2019年7月15—19日,第二届国际无伸缩缝与可持续桥梁学术研讨会在哈尔滨顺利召开。2022年11月21—22日,第三届国际无伸缩缝与可持续桥梁学术研讨会在福州顺利召开。我国在最近40年虽然修建了大量的新桥,其中不乏大规模、大跨径的桥梁,然而对量大面广的中小型桥梁的重视不够,无缝桥在此期间未得到发展,修建的大量中小型桥梁仍属于有缝桥梁,今后的养护维修工作量极大。因此,在发展大跨径桥梁、新建桥梁技术的同时,关注中小跨径桥梁的设计与施工技术,关注既有桥梁的维修与使用,关注桥梁的可持续发展,应是我国桥梁界努力的一个重要方向。从世界范围看,无缝桥在发达国家的修建远多于发展中国家。随着我国大规模基础设施建设的持续推进,以及我国经济社会的不断发展,桥梁的可持续发展必然成为一个重要的理念,无缝桥的研究与发展正处于关键时期。

整体桥作为应用最为广泛的无缝桥,具有以下优点:设计相对简单、灵活;桥梁使用效率高;施工相对简单;既有桥梁改造加固方便;桥梁使用效果好,全生命周期内造价低。整体桥可以从根本上取消梁桥的伸缩装置,从而增强桥梁的耐久性能,降低后期养护维修费用和社会不良影响,提高行车的舒适性,适应交通重载化的实际情况,避免地震作用下的落梁危害以及改善桥头跳车问题,具有广阔的市场前景,可获得显著的经济效益。当然,整体桥的受力构件均会因荷载的不同组合而发生受力性能的改变(特别是构件拉、压性能的改变):各构件受力复杂,多为轴力、剪力、弯矩共同作用,而且受力也比有伸缩缝结构的大。精确计算时,要考虑结构与土的共同作用,而土的性质变化较大,计算复杂。

1.2.2 整体桥桩-土相互作用研究

在无缝桥中,整体桥的桩-土结构相互作用最为典型,正确模拟桩-土相互作用成为整体桥受力分析中的关键部分。常规有缝桥通常采用钢筋混凝土桩或预应力混凝土桩。对于有缝桥,伸缩缝和支座使桥梁上部结构与下部结构相互分离,上部结构在温度荷载等作用下产生的纵桥向变形不会传递到下部结构。对于整体桥,由于取消了伸缩缝和支座,桥梁上部结构与下部结构为一整体浇筑的结构。其上部结构在温度荷载等作用下产生的纵桥向变形必然传递到下部结构。钢筋混凝土桩或预应力混凝土桩由于其抗拉性能和韧性较弱,在纵桥向和横桥向变形影响下,桩易出现开裂等损坏。在温度荷载循环作用下,桩裂缝等损坏情况会进一步发展。国外无缝桥通常采用钢桩,如 H 型钢桩和钢管桩。利用钢桩抗拉性能和韧性好的特点,吸收上部结构传递来的纵桥向和横桥向变形,不出现桩身开裂甚至破坏的情况。然而,由于建造成本高,钢桩在我国使用较少,且埋置在土体中的钢桩,若防锈处理不好,易出现锈蚀等问题。为此,国内外学者对桩-土相互作用的计算方法做了大量的研究。对于整体桥的桩-土相互作用,大多数学者的模拟方式为:桩侧横向土抗力用水平向弹簧模拟,桩侧土摩阻力用竖向弹簧代替,桩底土抗力则用一个竖向节点弹簧表示。

对于整体桥桩侧土弹簧的模拟,国内外的学者进行了大量研究并提出相应的计算方法。计算方法分为两大类,一类为侧向土压力与桩位移之间呈线性或非线性关系,但侧向土压力沿桩长度不会改变的弹性地基法;另一类为侧向土压力与桩位移之间、侧向土压力沿桩长变化均为非线性关系的弹塑性方法。计算方法主要有以下几种:

(1)假设地基模量系数 K_h 与桩宽 B 成反比的太沙基方法。

(2)由《公路桥涵地基与基础设计规范》(JTG 3363—2019)中的 m 法推导得到的等代土弹簧刚度法。

(3)Haliburton 提出的完全弹塑性 p-y 曲线法,弹性段斜率等于地基初始刚度,而塑性段则用极限土抗力 P_u 表示。

(4)Matlock 提出的适用于软黏土的 p-y 曲线法。

(5)Reese 提出的适用于砂土的三段式 p-y 曲线。

(6)Sulivan 提出的黏性土 p-y 曲线。

(7)Osgood 最早提出,O'Neill、Kim 等人修正的双曲线型 p-y 曲线。双曲线型 p-y 曲线的一般形式为:

$$P = \frac{y}{\dfrac{1}{k} + \dfrac{y}{P_u}} \tag{1-1}$$

式中:P_u——极限抗力;

y——桩身位移;

k——地基土初始模量。

(8)美国石油协会(API)推荐的 p-y 曲线法。砂性土 p-y 曲线表达式为:

$$\begin{cases} P_{su} = (C_1 \times z + C_2 \times D) \times \gamma \times z \\ P_{du} = C_3 \times D \times \gamma \times z \\ P = A \times P_u \times \tanh\left[\dfrac{k \times z}{A \times P_u} \times y\right] \end{cases} \tag{1-2}$$

$$A = \begin{cases} \left(3 - 0.8\dfrac{z}{D}\right) \geqslant 0.9 & \text{静力荷载} \\ 0.9 & \text{循环荷载} \end{cases}$$

式中：P_{su}——极限抗力,适用于较浅土层；

P_{du}——极限抗力,适用于地层较深处；

D——桩径；

z——深度；

C_1、C_2、C_3——与内摩擦角相关的系数,根据 API 规范查得；

k——与内摩擦角相关的地基土初始模量,根据 API 规范查得。

根据调查发现,双曲线型 p-y 曲线法和 API 曲线法是整体桥分析中使用最多的方法。双曲线型 p-y 曲线给出了桩周土反力与桩身位移的基本关系,可以根据不同的土质和加载条件(静态和循环加载)对公式包含的参数进行修正,得到与实际情况相符的 p-y 曲线。API 曲线同样根据土质、地下水以及加载条件给出了不同的 p-y 曲线。与双曲线型 p-y 曲线不同的是,API 规范针对不同的土质等条件提供了一系列简化图表,方便了 API 曲线的使用。

由于整体桥桥台与主梁固结,使得桥台桩不仅要承受竖向荷载,还要受到剪力和弯矩的作用,可能导致桩身应力过大而发生破坏。因此,整体桥应选用合适的桩基类型,桩基应具有足够的竖向承载能力和抗弯能力。国外的整体桥多采用钢桩,而我国现有整体桥则以混凝土桩为主,混凝土桩刚度大,但抗变形能力小,影响了其应用与发展。

1.2.3　Z 式引板工作机理研究

对于传统有缝桥梁而言,温度荷载、混凝土收缩徐变等引起的主梁纵桥向胀缩变形可通过伸缩缝调节。连接桥梁与相邻路面的引板主要用于克服台后填土沉降引起的桥头跳车问题。无缝桥由于取消桥台处的伸缩装置,其引板与主梁连为一体,除了要发挥有缝桥引板的作用外,还要将一部分主梁纵桥向变形传递到相邻道路接头处(刚性路面)或道路中(柔性路面)。因此,引板成为无缝桥结构的重要构造之一,一直受到桥梁工程师的重视。根据纵桥向位移的传递方式,可以将引板分为两类:传递型引板和吸纳型引板。

1.2.3.1　传递型引板

传递型引板将主梁纵桥向的一部分变形传递到引板末端,又可分为面板式引板和埋入式引板。面板式引板是置于台后填土上方,起路面结构作用,可用于刚性路面和柔性路面接线的情况。福建永春上坂大桥采用的就是两段式的面板式引板,如图 1-7 所示。

面板式引板在引板与接线道路连接处需设置一个能适应反复胀缩的胀缝,并需防止雨水进入缝中浸湿路基,这是此类桥梁的一个薄弱环节。实桥中,发现面板式引板末端仍然会出现路基沉降和路面破损问题。虽然该问题与桥梁上的伸缩缝病害相比,防治处理相对容易,但仍然是一个影响其使用和推广应用的主要问题。此外,面板式引板竖直方向上的刚度从引板到接线路面存在较明显的突变问题。

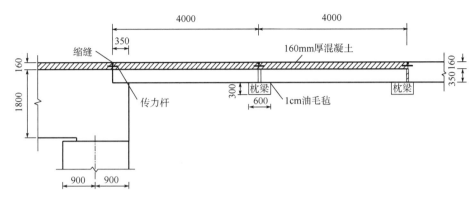

图 1-7　上坂大桥面板式引板设计图(尺寸单位:mm)

埋入式引板一般用于接线为柔性路面的情况,又可进一步划分为平置式和斜置式两种。平置埋入式引板是将引板全部等深度地埋到路面下,如图 1-8 所示。斜置埋入式引板随着引板向接线路面靠近,埋置深度不断加大,如图 1-9 所示。埋入式引板使接线道路和台后填土成为类似一个大的弹性体来吸收变形,埋在路面下的引板对其上的路面提供了较大的刚度,有利于行车从刚性桥面到柔性路堤过渡,从而解决台后填土沉降引起的跳车问题。

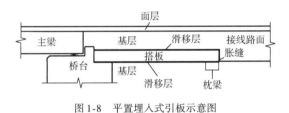

图 1-8　平置埋入式引板示意图

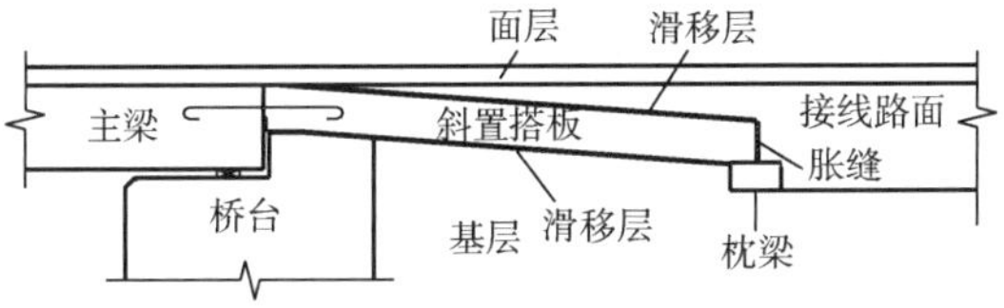

图 1-9　斜置埋入式引板示意图

工程实践与研究发现,埋入式引板受主梁纵桥向变形的作用,会在土中产生局部变形,使引板末端附近地面产生沉降,从而降低道路铺装层的平整度和车辆行驶的舒适度,也影响使用极限状态。同时由于引板的转动,也会产生路面裂缝,特别是桥面与引板连接处。此外,平置埋入式引板竖直方向上的刚度(从主梁到引板)存在较明显的突变问题。

1.2.3.2　吸纳型引板

吸纳型引板是湖南大学提出的一种新型引板结构。引板采用很长的配筋混凝土板,或在引板末端设置了强大的地梁,以阻止变形向接线路面的传递,同时还通过预先设置较密的锯缝产生的微小裂缝宽度变化来吸纳主梁传递来的纵桥向变形,如图 1-10 所示。

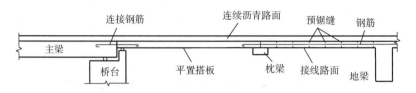

图 1-10 吸纳型引板示意图

吸纳型引板是一种新型引板形式,主要通过在允许限值范围内的裂缝开展来吸纳桥梁主梁传递来的纵桥向变形,已在我国多座桥梁上得到应用。然而,当桥梁较长时,它需要较长的引板。同时,工程师常对有裂缝的引板的耐久性存在疑虑,推广应用有一定的难度。

在分析对比上述各种引板优劣势的基础上,本项目采用一种新型的 Z 式引板。Z 式引板由上板、斜板和下板组成,如图 1-11 所示。

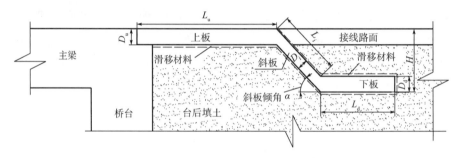

图 1-11 Z 式引板示意图

Z 式引板在竖直方向的刚度从主梁、上板、斜板、下板到接线路面逐渐变化,有望解决现有引板存在的刚度突变问题。Z 式引板对主梁纵桥向膨胀变形的约束刚度大,而对收缩变形的约束刚度小,有利于(钢筋和预应力)混凝土主梁的受力(前者产生附加压力,后者产生附加拉力),而混凝土主梁是我国梁桥的主要结构形式。同时,Z 式引板吸纳与传递主梁纵桥向变形的方式介于传递型引板与吸纳型引板之间,既增大了约束刚度,又不需要太长的引板和过多的预锯缝。此外,Z 式引板可以看成是面板式、斜置埋入式和平置埋入式引板的组合。Z 式引板可根据需要进行调整,以适应不同桥梁的需要,具有较好的应用适用性。

1.3 研究意义

马峦立交主线桥采用的整体式桥台桥梁是一种具有研究价值的结构桥型。本项目的研究工作一方面可为实体工程的施工过程分析与控制提供必要的技术储备和积累,相关研究成果可直接应用在实体工程之中,保证该桥梁施工过程中的安全性、稳定性与可控性;另一方面,结合国内现阶段无缝梁桥的研究与工程推广现状,解决此类结构在设计和施工过程中的关键性技术问题,具有重要的工程应用和推广价值。

1.4 总体研究方案

1.4.1 整体桥桩-土相互作用研究

(1) 对国内外整体桥发展概况及整体桥桩-土相互作用的研究现状进行总结。

(2) 介绍本研究所采用的试验方法、试验装置。开展模型桩(缩尺比例为1:12.5)的拟静力试验研究。根据试验结果,分析模型桩变形能力、耗能能力、刚度下降、延性等。

(3) 根据模型桩的试验数据,利用土层反力计算理论,推导出模型桩的 p-y 曲线。

(4) 利用大型通用有限元软件 ABAQUS 建立有限元模型,并利用试验结果验证其准确性。

(5) 根据试验数据和有限元模拟结果,拟合出适用于模型桩的 p-y 曲线。最后,利用大型通用有限元软件 midas Civil 建立单桩有限元模型,分别采用桩的 p-y 曲线与规范的 m 法计算侧向弹簧刚度,进行单桩水平受荷分析,分析 m 法和 p-y 曲线法的适用性。

(6) 利用大型通用有限元软件 midas Civil 建立全桥杆系有限元模型,分析整体桥受力性能。

1.4.2 Z 式引板工作机理研究

(1) 广泛收集无缝桥引板的相关资料,分析整理现有引板的结构尺寸、构造措施、使用效果和常见病害,为后续研究积累资料。

(2) 通过土体、混凝土和钢材的材性测试,获得材料特性,为后续研究提供实测数据。选取斜板与水平线的夹角为参数,共制作两个 1:1 大比例 Z 式引板试验模型,分别采用纵桥向单向受拉或受压的方式进行加载,获取 Z 式引板纵桥向移动时的力-水平位移全过程曲线,观察 Z 式引板自身裂缝开展程度及远台端路面平整度,探明 Z 式引板的纵桥向极限变形值。

(3) 利用大型通用有限元软件 ABAQUS 建立二维有限元模型,用于模拟 Z 式引板与台后填土的相互作用,分析 Z 式引板的纵桥向极限位移能力。有限元模型的精确性根据试验结果验证与修正。

(4) 利用前述有限元模型,以斜板与水平线的夹角为参数,开展参数分析。对参数分析结果进行归纳总结,找出影响 Z 式引板纵桥向极限变形值,以及 Z 式引板和台后填土纵桥向组合刚度取值的关键参数及其合理取值范围。

(5) 分析不同 Z 式引板-台后填土的纵桥向组合刚度对引板范围内的路面平整度的影响。

第 2 章

CHAPTER 2

桩-土相互作用拟静力试验设计

2.1 试验模型设计

2.1.1 模型试验相似理论

对于桩-土相互作用,现有的研究方法包括现场试验、振动台试验、离心机试验及数值模拟等。对于现场试验,可进行足尺试验,但对场地要求较高,操作存在困难。对于缩尺试验,土工离心机试验能获得较大的离心加速度且满足相似关系,其试验结果可靠性较高,但土工离心机试验对试验设备提出了较高的要求,因此目前较多学者选择开展常重力($1g$)下的模型试验。常重力模型试验具有较高的可操作性和可重复性,现已成为岩土工程问题中广泛应用的研究手段。

在进行常重力模型试验时,模型结构的试验结果应合理地反映原型结构的力学性状,因此,模型结构与原型结构应尽可能满足物理条件相似、几何条件相似和边界条件相似。在研究一般动力问题中,体系总共有 m 个物理量,其中 n 个互为独立。这 n 个物理量的函数关系为:

$$f(\pi_1,\pi_2,\pi_3,\cdots,\pi_n)=0 \tag{2-1}$$

在线弹性范围内,式(2-1)可表达成如下函数:

$$f(\sigma,l,E,\rho,t,u,v,a,g,\omega)=0 \tag{2-2}$$

式中:σ——应力;

l——长度;

E——弹性模量;

ρ——密度;

t——时间;

u——位移；

v——速度；

a——加速度；

g——重力加速度；

ω——圆频率。

依据量纲分析理论,取 l、ρ、E 为基本未知量,将其余未知量均化为用 l、ρ、E 表示的无量纲参数,则式(2-2)可化为以下函数关系：

$$f\left(\frac{\sigma}{E}, \frac{t}{l\rho^{1/2}E^{-1/2}}, \frac{u}{l}, \frac{v}{\rho^{1/2}E^{-1/2}}, \frac{a}{l^{-1}\rho^{-1}E}, \frac{g}{l^{-1}\rho^{-1}E}, \frac{\omega}{l^{-1}\rho^{-1/2}E^{1/2}}\right)=0 \quad (2-3)$$

根据式(2-3),试验模型应满足的相似比关系见表2-1。

模型相似比　　　　　　　　　　　　表2-1

物理量	相似系数	物理量	相似系数
长度 L	S_l	位移 u	S_u
弹性模量 E	S_E	加速度 a	$S_l^{-1}S_E S_\rho^{-1}$
应力 σ	S_σ	集中荷载 P	$S_l^2 S_E$
应变 ε	l	弯矩 M	$S_l^3 S_E$
密度 ρ	S_ρ		

对于理想的动力试验,模型和原型的惯性力、恢复力和重力都应该满足相似关系。此时,模型材料的弹性模量和密度需要满足Cauchy条件,即：

$$\frac{S_E}{S_g S_\rho} = S_l \quad (2-4)$$

实际上,工程结构和试验模型都处在同一个重力加速度场里,故有 $S_a = S_g = l$,$S_E = S_\rho S_l$。一般的模型试验均为缩尺试验($S_l < 1$),要满足式(2-4),必须使模型材料的弹性模量比原型小或者密度比原型大。当原型结构与模型结构采用相同材料时,$S_E = l$,$S_\rho = l/S_l$,这在实际操作中存在困难。为满足材料的相似关系,可以适当调整缩尺比例 S_l,并附加配重的方式来满足Cauchy条件。设原型质量为 M_p、模型质量为 M_m,则增加的配重为 $M = S_q M_p - M_m$。

由 $S_a = S_g = l$,$S_l^{1/2} = S_E^{1/2} S_\rho^{-1/2}$,根据表2-1得到的相似规律为：

$S_\varepsilon = l; S_\eta = l; S_l = S_S; S_\sigma = S_E; S_q = S_E S_l^2; S_M = S_E S_l^3; S_a = S_g = l$

2.1.2 模型桩设计及制作

设计模型桩的尺寸时,主要考虑以下几点：①模型桩尺寸应与试验室现有设备的加载能力相匹配；②桩的外模应具有足够的强度、刚度,且在浇筑的过程中模板不会变形及破坏。结合上述影响因素,模型桩制作时选用聚氯乙烯(PVC)管作为模板。实测PVC管内径为120mm,原型桩的桩径为1500mm,故相似比为1/12.5。试验采用C30混凝土制作模型桩,弹性模量相似比为 $S_E = 1$,则其余相似比为：$S_l = 1/12.5; S_\rho = 1; S_\sigma = 1; S_q = 1/156.25; S_a = 1$。模型桩主要参数见表2-2。

模型桩主要参数　　表2-2

参数	桩长(mm)	桩径(mm)	缩尺比例	材料
取值	2000	120	1/12.5	C30

确定模型桩尺寸后对桩基进行配筋计算。为进行相似关系计算,需要已知本试验所用材料的强度、弹性模量等基本材料属性。考虑到PVC管较小,本次试验混凝土采用C30自密实混凝土。首先通过试配评定混凝土流动性、强度等性能指标,最后试配得到的配合比见表2-3。试块自然养护28d后评定混凝土强度等级和弹性模量,试验结果见表2-4。

C30自密实混凝土配合比(单位:kg/m³)　　表2-3

材料	水泥	粉煤灰	砂	碎石	减水剂	水
数量	384	129	783	870	5.13	207

混凝土性能参数　　表2-4

材料	坍落度(mm)	扩展度(mm)	抗压强度(MPa)	泊松比	弹性模量 E(MPa)
C30混凝土	230	620	35	0.2	29800.7

对于模型桩内的钢筋,主筋为直径2.8mm的镀锌铁丝,箍筋为直径2.3mm的镀锌铁丝。采用SANS 350kN万能试验机对铁丝试样做拉伸试验,试验结果见表2-5。试验结果表明,镀锌铁丝具有良好的力学性能,可以用于模拟模型桩的钢筋。

镀锌铁丝拉伸试验(平均值)　　表2-5

材料	直径(mm)	屈服荷载(kN)	极限荷载(kN)	屈服应力(MPa)	抗拉强度(MPa)	延伸率(%)
2.8mm铁丝	2.8	2.03	2.76	329.7	448.2	15
2.3mm铁丝	2.3	1.4	1.7	337.0	409.2	17

根据材性试验得到的参数和相似比关系对原型桩进行配筋计算。本试验从力学相似关系出发(抗弯、抗压)进行换算,并调整钢筋面积及位置。原型桩内主筋为30根28mm的HRB400钢筋,配筋率为1.05%,保护层65mm,桩长25.5m,桩径1.5m。螺旋箍筋为间距100mm的 ϕ10mm钢筋。

设计截面长细比 $\lambda = \dfrac{25.5 \times 0.5}{1.5} = 8.5 > 7$,稳定系数 $\varphi = 0.98$。

垂直于弯矩作用平面内,原型截面承载力为:

$$N_u = 0.9\varphi(f_{cd}A_c + f_{sd}A_s) = 0.9 \times 0.98 \times \left(35 \times \pi \frac{1500^2}{4} + 400 \times \pi \times \frac{28^2}{4} \times 30\right) = 61068.9(\text{kN})$$

其中,f_{cd}为混凝土轴心抗压强度设计值;A_c为桩截面面积;f_{sd}为纵向普通钢筋抗拉强度设计值;A_s为纵向普通钢筋截面面积。

根据相似比,模型与原型承载力比值为1/156.25,则有:

$$\frac{N_{模型}}{N_{原型}} = \frac{0.9\varphi(f_{cd}A_c + f'_{sd}A'_s)}{N_u} = \frac{0.9 \times 0.98 \times \left[35 \times \pi \times \frac{120^2}{4} + 329.7 \times A'_s\right]}{61068900} = \frac{1}{156.25}$$

解得 $A'_s = 164.3 \text{mm}^2$。

取主筋为 27 根 2.8mm 镀锌铁丝，面积 166.3mm^2，配筋率 $1.4\% > 0.5\%$，保护层 8.5mm，箍筋间距 25mm。表 2-6 为模型桩配筋汇总表，图 2-1 为配筋图。

模型桩配筋表　　　　　　　　　　　　　　　　　　表 2-6

参数	桩长(mm)	桩径(mm)	主筋(mm)	箍筋(mm)	保护层(mm)
取值	2000	120	27φ2.8	φ2.3，间距 25	8.5

根据上述配筋进行弯矩作用平面内的承载力验算，原型弯矩作用下偏心距 $\eta e_0 = 240 \text{mm}$，经试算确定圆形截面构件承载力计算系数：

$$\eta e'_0 = \frac{Bf_{cd} + D\rho g f_{sd}}{Af_{cd} + C\rho f_{sd}} r = \frac{35B + 0.001 \times 400 \times 685/750}{35A + 0.001 \times 400 \times C} \times 750$$

图 2-1　模型桩截面配筋图
（尺寸单位：mm）

试算得到 $\xi = 0.79$，$A = 2.0962$，$B = 0.5982$，$C = 1.5938$，$D = 1.1496$，$\eta e'_0 = 237 \text{mm}$，与 ηe_0 误差为 -1.30%，满足要求，则截面承载力为：

$$N_u = Ar^2 f_{cd} + C\rho r^2 f_{sd} = 2.0962 \times 750^2 \times 35 + 1.5938 \times 0.0147 \times 750^2 \times 400 = 44855 (\text{kN})$$

其中，r 为桩截面半径。

对模型桩进行计算，当 $\xi = 0.79$ 时偏心距误差为 -0.08%，$N'_u = 291 \text{kN}$。

$$\frac{N_{模型}}{N_{原型}} = \frac{291}{44855} = \frac{1}{154.14}$$

通过上述验算，模型桩在承载力上基本满足相似比。

根据配筋进行钢筋笼的绑扎。首先将纵筋固定在少数箍筋上形成钢筋骨架（图 2-2），再将剩余的箍筋通过扎丝绑扎在纵筋上形成完整的钢筋笼。PVC 管按指定长度分段，底部用专用管帽封住，防止漏浆。清理 PVC 管内壁后，将绑扎好的钢筋笼放入管中，PVC 管中部和底部均固定在钢梁上，钢梁固定在附近的立柱上，避免在浇筑过程中倾覆。本次混凝土是自密实的，但考虑到管模较小，内部钢筋较密，为防止卡管，浇捣时也适当用振动棒进行振捣。养护 28d 后，拆除钢梁，用切割机将 PVC 管拆除，成型后的模型桩如图 2-3 所示。

图 2-2　钢筋骨架　　　图 2-3　浇筑成型的模型桩

2.1.3 模型箱

在模型试验中,由于受到加载装置、设备条件及试验场地的限制,试验中只能用有限尺寸的容器来装土,从而导致土体边界是有限的。在实际情况下,地基土是没有边界的,因此需要合理设计模型箱。目前,通常采用刚性箱、柔性箱和层状剪切箱三种模型箱来开展模型试验。

刚性箱主要通过增大钢箱尺寸及内壁布置柔性材料来模拟土体边界。张四平等在嵌岩桩模型试验中表示:日本岸田英明在模型桩试验中提出,当试件到箱壁的距离与桩径之比大于10,桩底到箱底的距离与桩径之比大于6时,认为边界对试验结果的影响可以忽略不计。

柔性箱多为圆筒形容器,主体由一块固定在钢环和底部钢板上的橡胶膜组成。上部钢环支撑在四根竖向钢杆上,钢杆与钢环用万向接头连接,因此,容器内的模型土可以发生多个方向的剪切变形。

层状剪切箱一般由 10~20 层的矩形平面框架自下而上叠合组成,层间通过轴承、滚珠连接或层间贴四氟乙烯膜,依靠框架的滑移来模拟土体的剪切变形。

图 2-4 制作完毕的钢箱

相比于刚性箱,后两种模型箱制作工艺较复杂,成本也相对较高,因此,本试验采用刚性箱。刚性箱应具有足够的刚度和强度,确保在试验过程中不会发生破坏,同时还应有足够尺寸来满足边界条件,减小边界效应。本试验设计的刚性箱尺寸为 2.0m × 2.0m × 2.0m,对箱体采用 L100 × 10 角钢加劲,以提高其刚性。模型箱下部设置泄砂孔。平面尺寸与模型桩桩径之比为 8.3,并在箱壁上粘贴 10cm 厚的泡沫板,因此满足边界要求。制作完毕的钢箱如图 2-4 所示。

2.1.4 模型土体选择

原结构的土层结构复杂,包含人工填土、黏性土、粉砂岩等不同土质。同时,不同土层的土工特性也受密实度、含水率等因素影响。虽然土的类型对模型桩受力性能影响很大,但由于不能很好地控制各土层的均匀性,难以精确模拟现场土层的性质,若考虑土类型的影响,会给室内试验带来不便。本试验中暂不考虑层状土对试验结果的影响,模型土采用单一土体。参考国内外已完成的桩-土相互作用试验,本试验采用砂作为模型土。表 2-7 为模型土体性能指标,图 2-5 为本试验所用砂的粒径累积曲线。

模型土体性能指标 表 2-7

材料	密度(kg/m³)	黏聚力 c(kPa)	内摩擦角 φ
砂	1600	0	35°

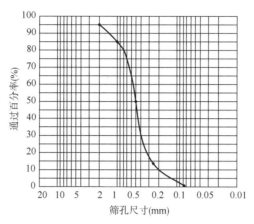

图 2-5　试验所用砂粒径累积曲线

2.2　试验装置及加载方案

2.2.1　试验工况及试验装置

本次试验试件具体信息如图 2-6 所示，试件用 N 表示。

本次试验采用的试验装置由竖向千斤顶、模型箱、模型桩以及液压式伺服加载系统（MTS）作动器四部分组成，如图 2-7 所示。原桥为 6m 高的柔性桥台，桥梁在荷载作用下使桥台产生位移和转角，因此，桩顶的边界条件允许转动。桩顶轴力由固定在反力架上的千斤顶提供，千斤顶安装在滑动支座上，并在千斤顶的下方设置球铰保证在试验过程中桩顶轴力大小和作用位置保持不变。桩顶水平荷载则由固定在反力墙上的 MTS 水平作动器提供。

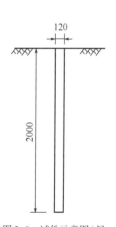

图 2-6　试件示意图（尺寸单位：mm）

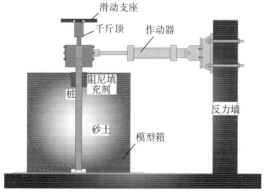

a）试验装置立面图

b）试验装置安装图

图 2-7　试验装置

拟静力试验常用位移控制、力控制、力-位移混合控制3种加载制度。本次试验采用位移加载制度,加载速率为1mm/s,每级位移荷载循环3次,当桩的承载力下降至最大荷载的85%时停止加载,位移加载历程为：±2mm、±5mm、±7mm、±10mm、±15mm、±20mm、±25mm、±30mm、±35mm、±40mm、±50mm、±60mm、±70mm、±80mm、±90mm、±100mm、±110mm、±120mm。本试验加载制度如图2-8所示。

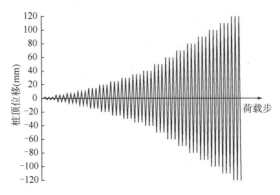

图2-8 加载制度

模型桩及桩顶加载块安装完成后吊装至试验场地,通过地锚固定在地面上并完成MTS作动器的安装和调试。试验开始时,桩顶千斤顶施加25kN的竖向荷载,并在试验过程中保持不变,再通过MTS作动器对桩顶按图2-8所示的加载制度施加水平位移,其中作动器最大静态加载值为250kN,最大侧向位移为250mm。

2.2.2 试验测点布置

为了解试验过程中桩身弯矩分布及位移分布特点,本次试验对每根桩沿加载方向对称布置应变片,并在相应位置布置位移计,测点布置如图2-9所示。

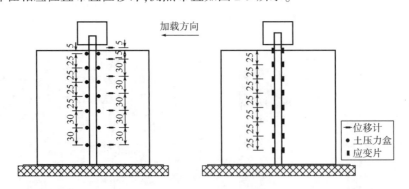

图2-9 试验测点布置图(尺寸单位:cm)

(1)沿加载方向,桩身两侧对称布置8个应变片,间距为25cm。
(2)沿加载方向,桩侧布置7个位移计,间距为5cm、15cm和30cm。

其中,位移采用自制的位移测量系统进行量测。具体实施方式为:在选定截面处固定一根钢丝绳,另一端通过外套的 PVC 管伸出模型箱并与位移计相连。自制位移测量系统如图 2-10 所示。试验时,需要保证模型箱在水平作动器的推力作用下不会发生水平向移动。因此,在钢箱底部设置一层 3mm 厚的橡胶垫层,钢箱四个角处用地锚锚固,并在钢箱中部和底部分别安装一个百分表测量其位移用于复核。

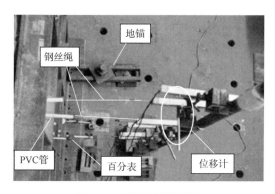

图 2-10　自制位移测量系统

2.3　本章小结

(1)本章根据相似理论进行模型桩的设计和制作;参考试验室试验条件和以往的桩-土相互作用试验,设计了模型箱,并选取了桩周填土材料。

(2)介绍了测点布置、试验工况及加载制度。

第3章

CHAPTER 3

桩-土相互作用拟静力试验结果分析

本章采用上一章设计并制作的桩试件及模型箱等开展桩-土相互作用拟静力试验,阐述试验过程及试验现象,并对试验所采集的数据进行分析。本章从滞回曲线、耗能能力、骨架曲线、承载能力、延性、刚度、位移及弯矩分布等方面对桩的力学性能进行评价,最后利用实测桩身弯矩推导 $p\text{-}y$ 曲线。

3.1 拟静力试验现象

对模型桩按 2.2 节给出的加载制度进行水平向拟静力加载。主要试验现象如下:

(1) 桩顶水平位移加载 ±10mm 时,桩顶水平荷载为 2.5kN 左右。桩未产生明显的桩土分离现象,如图 3-1 所示。

图 3-1 桩土未分离

（2）桩顶水平位移加载至±20mm时,桩顶水平荷载为3.3kN左右。试件出现明显的桩土分离现象,土体轻微隆起,地面线附近的土压力盒和应变片露出,如图3-2所示。

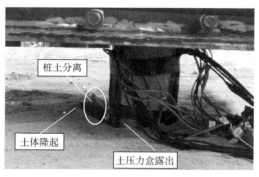

图3-2　桩土分离

（3）桩顶水平位移加载至±60mm左右时,桩顶水平荷载达到最大值。试件桩土分离现象进一步加大,地表出现放射状裂缝,如图3-3所示。

（4）桩顶水平位移加载至±100mm左右时,桩顶荷载下降至最大荷载的85%,此时判定桩基破坏,水平作动器复位,试验停止。

（5）试验完成后挖出桩基,模型桩产生贯通的环形裂缝和混凝土压碎。桩身在距地面线$0.6\sim0.8$m（$5\sim7$倍桩径）处产生环形裂缝,裂缝宽度为$1\sim2.5$mm,裂缝间距为$5\sim10$cm,并伴有混凝土压碎,同时桩在该范围内发生小幅度弯曲,如图3-4所示。

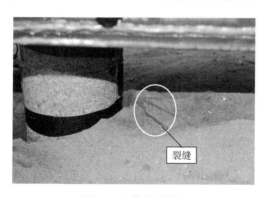

图3-3　土体产生裂缝　　　　　图3-4　桩身弯曲

3.2　滞回曲线

3.2.1　滞回曲线形状

滞回曲线是反映结构循环荷载作用下滞回耗能、延性及刚度退化等性能的重要体现,是分析结构抗震性能最重要的数据之一。滞回曲线典型形状包括梭形、弓形、反S形和Z式4种。图3-5给出了这4种滞回曲线的典型形态示意图,不同的曲线形态代表不同的力学性能。滞回曲线形状越饱满,代表整个结构塑性变形能力越强,抗震性能和耗能能力也就很好;反之说明结构受到滑移的影响,其抗震性能和耗能能力降低。4种滞回曲线中,梭形抗震性能和耗能能力最好,而Z式最差。

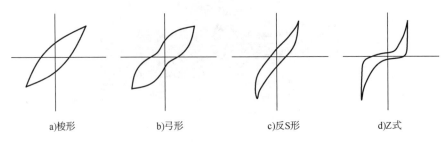

图3-5 各类滞回曲线

图3-6给出了试件N的滞回曲线。

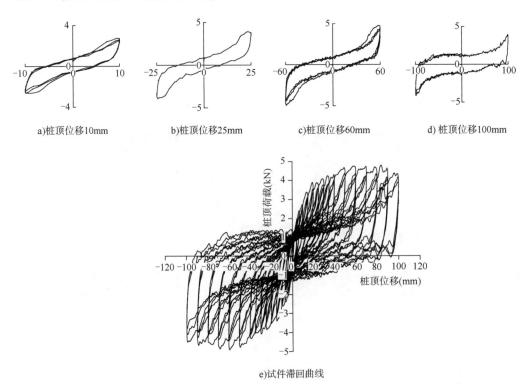

图3-6 试件N滞回曲线(不同桩顶位移)

由图3-6可知,桩顶水平位移小于10mm时,试件N的滞回曲线均呈现为饱满的梭形;位移达到10mm后由梭形退化为弓形;位移达到25mm后退化为Z式。

由前文分析可知,当桩顶水平位移较小时,滞回曲线的形态较饱满;随桩顶位移增大,桩身开裂、桩土发生分离后,滞回曲线上位移的增幅开始大于荷载的增幅,滞回曲线的形态开始出现变化,其形态由最初的梭形退化为弓形,甚至 Z 式;桩顶荷载达到最大值以后,桩土分离效应明显,桩周部分土体屈服退出工作,加之桩身开裂后裂缝不断扩展、钢筋屈服等因素共同作用,滞回曲线开始出现下降段,桩土体系的刚度表现出较为明显的退化。

3.2.2 滞回耗能

在滞回曲线分析中,滞回耗能是评估结构抗震性能的重要指标之一。滞回耗能越大,说明结构消耗的地震能量越多,对抗震就越有利。在评定结构耗能时,常用等效黏滞阻尼比 ξ_e 来判断结构的耗能能力,如图 3-7 所示。ξ_e 的定义为一个振动周期内黏滞阻尼消耗的能量与弹性应变能之比,可按式(3-1)计算得到,式中,A_1 为滞回耗能,A_2 为弹性应变能。按式(3-1)计算得到等效黏滞阻尼比 ξ_e,桩的等效黏滞阻尼比取每一级位移历程三个循环的平均值。将等效黏滞阻尼比绘制于图 3-8 中。

$$\xi_e = \frac{1}{2\pi} \frac{A_1}{A_2} \tag{3-1}$$

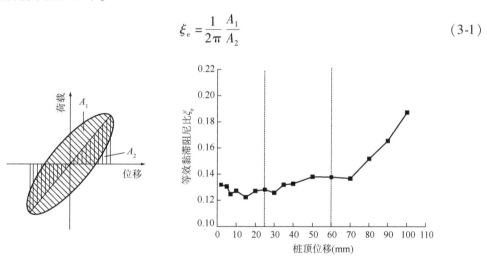

图 3-7 等效黏滞阻尼比计算示意图　　图 3-8 试件 N 等效黏滞阻尼比-位移曲线

图 3-8 表明,试件 N 的等效黏滞阻尼比随位移呈增大趋势。可以看出,等效黏滞阻尼比数值可按图中虚线划分三个阶段:

第一阶段:桩顶位移达到 25mm 之前,试件 N 的等效黏滞阻尼比基本保持不变,这是因为在达到屈服荷载前,桩身裂缝少,桩土分离现象不明显,桩周介质仍参与工作,滞回曲线也较为饱满。

第二阶段:桩顶位移在 25mm 之后、60mm 之前,滞回曲线所包围的面积和弹性应变能相当,等效黏滞阻尼比有所增加但增长缓慢。

第三阶段:桩顶位移达到 60mm 之后,等效黏滞阻尼比在桩基破坏后开始大幅增长,这是因为达到最大荷载后,滞回环包围的面积在增加,而承载力在降低,对应的弹性应变能增幅很小。

3.3 骨架曲线

根据试验得到的滞回曲线,将滞回曲线上各次同向加载的曲线峰值点相连得到骨架曲线。图 3-9 为骨架曲线(由 Park 法确定),图中 P_y 表示屈服荷载,P_{max} 表示最大承载力,而 P_u 则表示极限荷载。对于钢筋混凝土结构(RC)或构件,研究人员对屈服荷载 P_y、最大承载力 P_{max} 以及极限荷载 P_u 最为关注。P_{max} 为骨架曲线的峰值点,极限荷载 P_u 为结构或构件倒塌时所对应的荷载。但屈服荷载 P_y 受到轴力的影响,确定方法并不唯一,不同研究者使用不同的计算方法(如几何作图法、等能量法及 Park 法等),可能计算出不同的屈服点。

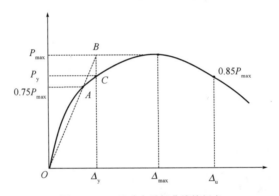

图 3-9 Park 法确定骨架曲线特征点

本书根据试验得出的试件骨架曲线,采用 Park 提出的方法,通过作图确定骨架曲线的特征点。作图方法为:在最大承载力 75% 处作一条水平线与骨架曲线相交于点 A;A 点与坐标原点 O 相连并延伸,与骨架曲线最高点所对应的水平线相交于点 B;过 B 点作垂线与骨架曲线交于点 C,C 点对应的横纵坐标即为屈服位移和屈服荷载。极限位移 Δ_u 取 $0.85P_{max}$ 所对应的位移。

3.3.1 承载能力

根据试验得到的滞回曲线,绘制模型桩的骨架曲线,如图 3-10 所示。分析发现,骨架曲线正反两个方向线形不完全对称,是因为桩顶轴力不稳定所致。桩顶位移小于 10mm 时,桩骨架曲线基本呈直线上升趋势;随桩顶位移增大,荷载逐渐增大,桩土体系开始产生塑性变形,桩土出现分离现象,桩身开裂,桩基屈服,骨架曲线斜率减小,曲线出现曲线段。达到最大荷载后,桩土体系进入破坏阶段,桩周土退出工作,桩身塑性损伤严重,承载力下降,骨架曲线也开始下降。

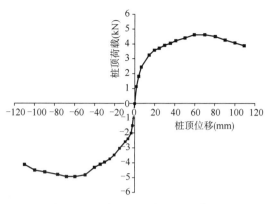

图 3-10 试件 N 骨架曲线(试验值)

3.3.2 延性

为表述结构在地震中的变形能力,通常采用位移延性系数来表示,位移延性系数越大说明结构的变形性能越好。位移延性系数定义为极限位移 Δ_u 与屈服位移 Δ_y 的比值。延性系数 μ 可按式(3-2)进行计算。

$$\mu = \frac{\Delta_u}{\Delta_y} \tag{3-2}$$

其中,极限位移 Δ_u 和屈服位移 Δ_y 仍按 Park 法确定。计算得到的位移延性系数见表 3-1。由于骨架曲线不完全对称,使得按 Park 法计算得到的正反向屈服位移和极限位移不相等,导致正反向的延性系数不等。为方便分析,本试验取正反两个方向的平均值作为参数进行分析。试件 N 的延性系数平均值为 3.87。

位移延性系数 表 3-1

试件	Δ_u (mm)		Δ_y (mm)		延性系数		均值
	正方向	反方向	正方向	反方向	正方向	反方向	
N	107.07	-107.8	24.50	-31.97	4.37	3.37	3.87

3.3.3 刚度退化

为了解桩的刚度衰减规律,取每级滞回曲线上正、反两个方向的桩顶最大荷载的绝对值之和与其相对应的位移绝对值之和的比值作为该级荷载的平均刚度,其表达式为:

$$K_i = \frac{|+F_i| + |-F_i|}{|+X_i| + |-X_i|} \tag{3-3}$$

根据式(3-3)计算得到每级荷载的刚度并绘制刚度退化曲线。由于桩-土相互作用,因此,按式(3-3)计算得到的刚度应为桩-土体系的组合刚度。由图 3-11 可看出,桩的刚度退化随着桩顶位移的增加而增大,达到屈服荷载时,桩刚度急剧退化至初始刚度的 30% 左右;达到屈服荷载以后、最大荷载以前及达到最大荷载以后,桩的刚度衰减随位移增大而减弱。桩基刚度下降主要是由于桩身裂缝开展、钢筋屈服以及桩土分离等,使得混凝土和桩周部分土体逐渐退出工作造成的。

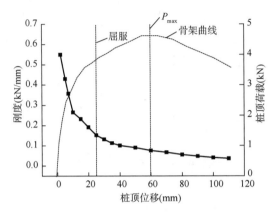

图 3-11　试件 N 刚度退化曲线

3.4　桩基位移及弯矩

3.4.1　桩基位移

在桩顶侧向荷载作用下,桩沿深度方向发生弯曲变形。为测得桩沿深度方向各个控制截面处的位移,本次试验采用自制的桩身位移量测装置。同时,为保证位移计所测的位移为桩身真实位移,在模型箱的中部和底部布置了百分表。在试验过程中读取百分表数值,其中百分表数值基本保持不变,因此可以认为模型箱整体锚固良好,位移计实测值即为桩身真实位移值。桩身实测位移如图 3-12 所示。桩位移分布规律一致。在桩顶侧向位移作用下,桩身侧向位移随着深度衰减,且位移主要发生在地面线下 10 倍桩径左右(1.2m)的范围内,10 倍桩径以下位移接近于 0,说明桩底锚固良好,符合原桥的边界条件。地面线处的位移约为桩顶位移的 1/2。

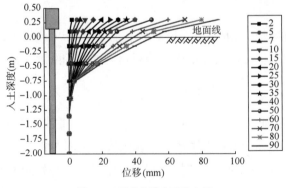

图 3-12　桩身实测位移分布图

3.4.2 桩基弯矩

桩身的弯矩 M 可以根据桩身的应变值,利用材料力学的计算式(3-4)计算得到。由于当位移加载到 25mm 以后,桩身已开裂,部分应变片出现溢出和破坏等失效状况,因此无法得到每级荷载下的弯矩,故只列出位移加载到 25mm 之前的弯矩。试件桩身弯矩分布如图 3-13 所示。

$$M = \frac{EI\varepsilon}{y} \tag{3-4}$$

式中:ε——实测桩身应变;

EI——桩身抗弯刚度;

y——桩半径。

由图 3-13 可知,桩在各级位移作用下桩身弯矩变化规律基本一致,弯矩最大值均出现在 0.5~0.7m 的位置,与最大裂缝出现的位置基本一致;弯矩呈现先迅速增大到最大值,随后急剧减小的趋势。随着位移荷载的增大,各级位移荷载作用下的桩身最大弯矩值出现位置呈现略微往下移的规律,这是桩在位移增大的情况下,桩身裂缝逐渐开展的缘故。

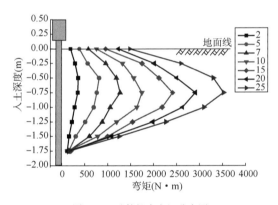

图 3-13 试件桩身弯矩分布图

3.5 *p-y* 曲线

在土体某深度处,在水平抗力下作用下表征桩周土反力 *p* 与桩身位移 *y* 的关系曲线称为 *p-y* 曲线。在固定深度处,随着桩身位移 *y* 的增加,桩周土反力 *p* 增加趋于缓慢,*p-y* 曲线表现为斜率不断下降的曲线,从而反映出桩周土的非线性特征。随着桩的埋深增加,相同位移下桩周土反力 *p* 增加,但是不同深度下的 *p-y* 曲线具有相同的表现形式,如图 3-14 所示。不同土壤类别都有相对应的 *p-y* 曲线。由于 *p-y* 曲线法可以考虑土壤类别、含水率以及土体分层等地质特征,并且可以体现由于土体屈服等原因造成的非线性特征,因此很适合用于横向荷载作用下,尤其是大变形下桩基的研究。

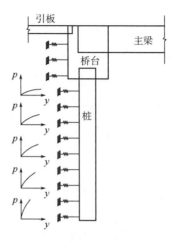

图 3-14　不同深度处的 p-y 曲线

3.5.1　土层反力计算理论

根据桩的挠曲微分方程，桩身水平位移 y、桩身弯矩 M 与桩周土反力 p 之间存在以下关系：

$$\begin{cases} M(x) = EI\dfrac{\mathrm{d}^2 y(x)}{\mathrm{d}x^2} \\[2pt] p(x) = \dfrac{\mathrm{d}^2 M(x)}{\mathrm{d}x^2} \\[2pt] p(x) = EI\dfrac{\mathrm{d}^4 y(x)}{\mathrm{d}x^4} \end{cases} \tag{3-5}$$

试验过程中，各控制截面的桩身位移可由拉线式位移计直接获得，桩身弯矩可根据实测的桩身应变按式(3-4)求得。沿桩身布置的土压力盒测得的数据仅代表桩身中间位置处的土压力值，并不能代表该处桩周土对桩身产生的实际土抗力平均值，测得桩身各截面处土压力的目的只能定性地反映土抗力的分布情况。因此，桩周土反力无法直接测量，但理论上可以按式(3-5)给出的关系，由桩身位移及弯矩求导获得。

当利用位移 $y(x)$ 求解桩周土反力 $p(x)$ 时，需要对位移 $y(x)$ 进行四次微分。但由试验测得的位移为离散的控制截面位移，四次微分后误差会放大，这对试验误差十分敏感。根据桩身的弯矩求解时需进行二次微分计算，由于桩身应变测点并非完全连续，使得计算得到的弯矩也是间断的，误差同样会出现一定程度的放大。在计算土反力 p 时，以往研究人员采用五点中心差分法和对弯矩拟合求导的方法来减小这种误差。因此，相对于四次微分的位移解法，用桩身弯矩推导桩周土反力时结果更为理想。本书采用多项式对弯矩拟合求二次微分的方法求解桩周土反力。假设桩身弯矩为六次多项式函数，通过二次积分和二次微分可得式(3-6)：

$$\begin{cases} M(x) = c_1 + c_2 x + c_3 x^2 + c_4 x^3 + c_5 x^4 + c_6 x^5 + c_7 x^6 \\ y(x) = m + nx + \dfrac{c_1}{2}x^2 + \dfrac{c_2}{6}x^3 + \dfrac{c_3}{12}x^4 + \dfrac{c_4}{20}x^5 + \dfrac{c_5}{30}x^6 + \dfrac{c_6}{42}x^7 + \dfrac{c_7}{56}x^8 \\ p(x) = 2c_3 + 6c_4 x + 12c_5 x^3 + 20c_6 x^3 + 30c_7 x^4 \end{cases} \quad (3\text{-}6)$$

3.5.2 试验 p-y 曲线

按上一小节的计算方法，图 3-15 给出了桩在不同深度处的 p-y 曲线。可以看出，同一深度处随着桩身位移的增加，桩周土反力增加缓慢，p-y 曲线表现为斜率不断下降的曲线；随着深度的增加，p-y 曲线的斜率和桩周土反力逐渐增大；p-y 曲线只在土体的浅层(0.25m 和 0.5m)处出现明显的屈服，曲线开始趋于水平，说明在浅层的桩侧土体已经达到极限抗力；较深处土层(0.75m 和 1.00m)的 p-y 曲线近似表现为一条上升的直线，未出现明显的屈服现象，水平抗力远小于对应深度的极限抗力，说明同等水平荷载下，随深度增加土体极限抗力也在增加。

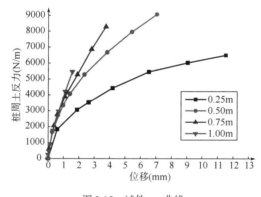

图 3-15　试件 p-y 曲线

3.6 本章小结

本章首先描述试验现象，然后分析了桩拟静力试验结果。主要结论如下：

(1) 当桩顶水平位移较小时，滞回曲线的形态较饱满；随桩顶位移增大，桩身开裂、桩土发生分离后，滞回曲线上位移的增幅开始大于荷载的增幅，滞回曲线的形态开始出现变化，其形态由最初的梭形退化为弓形，甚至 Z 式；桩顶荷载达到最大值以后，桩土分离效应明显，桩周部分土体屈服退出工作，加之桩身开裂后裂缝不断扩展、钢筋屈服等因素共同作用，滞回曲线开始出现下降段，桩土体系的刚度表现出较为明显的退化。

(2) 桩的等效黏滞阻尼比随位移呈增大趋势。桩顶位移达到 25mm 之前，试件 N 的等效黏滞阻尼比基本保持不变，这是因为在达到屈服荷载前，桩身裂缝少，桩土分离现象不明显，桩周介质仍参与工作。桩顶位移在25mm之后、60mm之前,滞回曲线所包围的面积和弹性应变能相当,等效黏滞阻尼比有所增加但增长缓慢。桩顶位移达到60mm之后,等效黏滞阻尼比在桩基破坏后开始大幅增长,这是因为达到最大荷载后,滞回环包围的面积在增加,而承载力在降低,对应的弹性应变能增幅很小。

(3)桩顶位移小于10mm时,桩骨架曲线基本呈直线上升;随桩顶位移增大,荷载逐渐增大,桩土体系开始产生塑性变形,桩土出现分离现象,桩身开裂,桩基屈服,骨架曲线斜率减小,曲线出现曲线段。达到最大荷载后,桩土体系进入破坏阶段,桩周土退出工作,桩身塑性损伤严重,承载力下降,骨架曲线也开始下降。

(4)本试验桩的延性系数平均值为3.87。

(5)桩的刚度退化随着桩顶位移的增加而增大,达到屈服荷载时,桩刚度急剧退化至初始刚度的30%左右;达到屈服荷载以后、最大荷载以前及达到最大荷载以后,桩的刚度衰减随位移增大而减弱。桩基刚度下降主要是由于桩身裂缝开展、钢筋屈服以及桩土分离等,使得混凝土和桩周部分土体逐渐退出工作造成的。

(6)同一深度处,随着桩身位移的增加,桩周土反力增加缓慢,p-y曲线表现为斜率不断下降的曲线;随着深度的增加,p-y曲线的斜率和桩周土反力逐渐增大;p-y曲线只在土体的浅层(0.25m和0.5m)处出现明显的屈服,曲线开始趋于水平,说明在浅层的桩侧土体已经达到极限抗力;较深处土层(0.75m和1.00m)的p-y曲线近似表现为一条上升的直线,未出现明显的屈服现象,水平抗力远小于对应深度的极限抗力,说明同等水平荷载下,随深度增加土体极限抗力也在增加。

第4章

CHAPTER 4

桩-土相互作用有限元分析

本章在前文介绍的桩拟静力试验基础上,以试验构件为对象,采用有限元通用程序 ABAQUS 对桩进行有限元建模。将拟静力试验结果与有限元模型计算结果进行对比,验证有限元模型的准确性,并在此基础上进行参数分析,进一步了解桩的受力性能。

4.1 有限元模型

4.1.1 模型概述

根据单元选择原则和试验研究目的,桩体、桩周土及桩顶加载块均采用三维实体单元模拟,单元类型为八节点线性六面体单元(C3D8R),桩体内部的钢筋骨架则采用两节点线性三维桁架单元(T3D2)模拟。

根据试验实际加载情况,模型边界条件为:土体底面固结;约束土体平行于 x 轴($U1$ 方向)的位移和平行于 y 轴($U2$ 方向)的位移。桩顶设置弹性加载块和参考点,其中弹性加载块弹模取钢的 100 倍,弹性加载与桩顶面绑定,参考点与加载块耦合,并按 2.2 节的加载制度对参考点加载。

钢筋嵌入桩体中,使钢筋与混凝土共同受力。桩土之间设置接触对,采用主从(Master-Slave)接触算法。本模型选择桩为主面,土体表面为从属表面。接触切向采用摩尔-库仑摩擦罚函数形式,法向为硬接触,允许接触后分离。桩与桩侧土接触类型为面面接触,桩底与土采用点面接触,并去除公共边界上的点,以防止由于模型过约束(即同一节点从属于两个或以上的边界条件)造成计算不收敛。

对各个部件进行网格划分,网格划分的原则是:变形越大处网格划分越精细,防止单元过度扭曲造成不收敛。有限元模型示意图如图 4-1 所示。

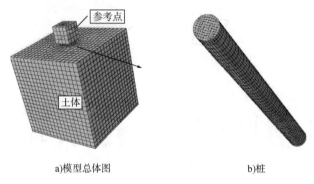

a)模型总体图　　　　　　　　b)桩

图 4-1　有限元模型示意图

4.1.2　材料本构

有限元模型中,土体本构模型以及所选取参数直接影响有限元结果的准确性。ABAQUS 程序提供了适用于无黏性颗粒状材料的摩尔-库仑模型,该模型可以指定材料的摩擦角、剪胀角、黏聚力和屈服塑性应变等,在岩土工程的数值模拟中应用广泛。土体是无黏性的,但为保证数值收敛的稳定性,取黏聚力为 100Pa。对于剪胀角,则取一个较小值 0.1°来模拟砂土的剪胀性。

对于混凝土桩,ABAQUS 提供了弥散开裂(Smeared Crack)、脆性开裂(Brittle Cracking)和塑性损伤(Plasticity Damage)三种混凝土本构模型。塑性损伤模型由于能够考虑混凝土在往复荷载作用下的裂缝开展及闭合、塑性损伤以及刚度恢复程度等力学行为而被大多数学者采用。因此,本书采用塑性损伤模型来模拟混凝土桩在拟静力试验过程中的受力性能。

在有限元模型中,塑性损伤模型需要的指定参数均按《混凝土结构设计规范》(GB 50010—2010)取值,并计算混凝土应力-应变骨架曲线(图 4-2)、非弹性应变和损伤因子。

《混凝土结构设计规范》(GB 50010—2010)建议的混凝土单轴受拉应力-应变关系按式(4-1)~式(4-3)计算。

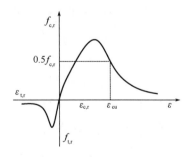

图 4-2　混凝土应力-应变骨架曲线

$$\sigma_t = \begin{cases} \rho_t(1.2 - 0.2x^5)E_c\varepsilon & x \leq 1 \\ \dfrac{\rho_t}{\alpha_t(x-1)^{1.7}+x}E_c\varepsilon & x > 1 \end{cases} \quad (4\text{-}1)$$

$$x = \frac{\varepsilon}{\varepsilon_{t,r}} \quad (4\text{-}2)$$

$$\rho_t = \frac{f_{t,r}}{E_c\varepsilon_{t,r}} \quad (4\text{-}3)$$

混凝土单轴受压应力-应变关系按式(4-4)~式(4-7)计算。

$$\sigma_c = \begin{cases} \dfrac{\rho_c n}{n-1+x^n} E_c \varepsilon & x \leq 1 \\ \dfrac{\rho_c}{\alpha_c (x-1)^2 + x} E_c \varepsilon & x > 1 \end{cases} \quad (4\text{-}4)$$

$$x = \dfrac{\varepsilon}{\varepsilon_{c,r}} \quad (4\text{-}5)$$

$$\rho_c = \dfrac{f_{c,r}}{E_c \varepsilon_{c,r}} \quad (4\text{-}6)$$

$$n = \dfrac{E_c \varepsilon_{c,r}}{E_c \varepsilon_{c,r} - f_{c,r}} \quad (4\text{-}7)$$

式中：α_t、α_c——混凝土单轴受拉和受压下降段参数值；

$f_{t,r}$、$f_{c,r}$——混凝土的单轴抗拉和抗压强度代表值；

$\varepsilon_{t,r}$、$\varepsilon_{c,r}$——与单轴抗拉和抗压强度对应的混凝土峰值应变；

ε——混凝土应变；

σ_t、σ_c——混凝土单轴受拉应力和受压应力；

E_c——混凝土弹性模量；

ρ_t、ρ_c——受拉钢筋和受压配筋率。

混凝土塑性损伤模型的核心是通过损伤因子 d 和刚度恢复系数 w 对混凝土的弹性受拉、受压刚度进行折减，来模拟混凝土进入塑性阶段以后的刚度退化。通过对两个参数选取不同的数值来控制混凝土的裂缝张开与闭合，使得混凝土的力学行为在反复荷载作用下更接近实际情况。刚度恢复系数表示混凝土应力-应变曲线拉压变化时弹性模量的变化程度，w_t 表示受拉刚度恢复系数，w_c 表示受压刚度恢复系数。当荷载从拉变压时，混凝土裂缝闭合，若抗压刚度完全恢复，则取 $w_c = 1$。当荷载从压变拉时，混凝土材料的抗拉刚度不恢复，则取 $w_t = 0$。经多次试算后，取 $w_c = 0.3$，$w_t = 0$。混凝土损伤因子 d 分为受拉卸载的损伤因子 d_t 和受压卸载的损伤因子 d_c，该参数表示混凝土卸载时的弹性模量与初始切线弹性模量的比值，$d = 0$ 说明混凝土未发生损伤，混凝土卸载时弹性模量与初始切线弹性模量相等；$d = 1$ 说明混凝土已混凝土完全损伤，卸载时的弹性模量为 0。基于能量等效原理计算损伤因子，损伤定义为：

$$d = \dfrac{\frac{1}{2} E_c \varepsilon^2 - \int f(\varepsilon)\,d\varepsilon}{\frac{1}{2} E_c \varepsilon^2} \quad (4\text{-}8)$$

式中：$\int f(\varepsilon)\,d\varepsilon$——应力-应变曲线与坐标轴围成的阴影面积，如图 4-3 所示。

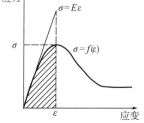

图 4-3 混凝土塑性损伤因子计算

由材性试验得到的混凝土立方体抗压强度实测值为35MPa，弹性模量 E_c 为29800.7MPa，抗拉强度 $f_{t,r}$ 本书近似取立方体抗压强度的十分之一，查《混凝土结构设计规范》(GB 50010—2010)得到 $\varepsilon_{t,r} = 128 \times 10^{-6}$，$\alpha_t = 3.82$，$\varepsilon_{c,r} = 1720 \times 10^{-6}$，$\alpha_c = 1.65$。按照上述方法就可以得到定义塑性损伤模型所需的全部参数。混凝土本构相关参数取值见表4-1~表4-3。按式(4-8)计算可得到损伤因子。

混凝土受拉本构参数取值　　　　　　　　　　　　　　　表4-1

参数	E_c(MPa)	$\varepsilon_{t,r}$	α_t	ρ_t
取值	29800.7	128×10^{-6}	3.82	0.91146

混凝土受压本构参数取值　　　　　　　　　　　　　　　表4-2

参数	E_c(MPa)	$\varepsilon_{c,r}$	α_c	ρ_c	n
取值	29800.7	1720×10^{-6}	1.65	0.67829	3.92097

混凝土本构其他参数　　　　　　　　　　　　　　　　　表4-3

参数	ψ	ε	α_f	K_c	μ	w_t	w_c
取值	35	0.1	1.16	0.66667	0.0005	0	0.3

注：ψ 为膨胀角；ε 为流动势偏移量；α_f 为双轴极限抗压强度与单轴受压极限强度之比；K_c 为拉伸子午面上与压缩子午面上的第二应力不变量之比；μ 为黏性系数。

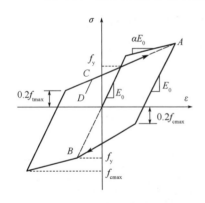

图4-4　Usteel02 钢筋本构
注：f_{tmax}、f_{cmax} 分别代表钢筋历史最大拉应力和压应力；f_y 为钢筋屈服强度标准值。

钢筋本构模型采用清华大学基于 ABAQUS 开发的 PQ-Fiber 子程序中的 Usteel02 模型。该模型是一种按 Clough 本构退化的随动硬化单轴本构模型，可用于定义钢筋混凝土结构、钢结构等的弹塑性分析中钢筋或钢梁等杆系结构。Usteel02 本构模型如图4-4所示，其主要特点先按卸载刚度加载至0.2倍历史最大应力 f_{max}，再指向历史最大点 (ε_{max}, f_{max})。Usteel02 模型定义的退化不是钢筋本身的劣化，而是综合考虑了钢筋与混凝土黏结滑移、混凝土保护层剥落以及累积损伤引起的钢筋混凝土构件受弯承载力的退化。该本构采用式(4-9)、式(4-10)表示。

$$f_{yi} = f_{y1} = \left\{ 1 - \frac{E_{eff,i}}{3f_{y1}\varepsilon_f(1-\alpha)} \right\} \geq 0.3 f_{y1} \quad (4-9)$$

$$E_{eff,i} = \sum \left[E_i \left(\frac{\varepsilon_i}{\varepsilon_f} \right)^2 \right] \quad (4-10)$$

式中：f_{yi}——第 i 个循环的屈服强度；
α——屈服后刚度系数；

$E_{\mathrm{eff},i}$——加载至第 i 个循环时的有效积累滞回耗能；

E_i——第 i 个循环的滞回耗能；

ε_i——第 i 个循环的最大应变；

ε_f——钢筋混凝土构件达到破坏时的钢筋拉应变。

在有限元程序 ABAQUS 中，通过用户自定义材料及子程序来调用来该本构模型。钢筋本构参数见表 4-4。

钢筋本构参数取值　　　表 4-4

参数	E(MPa)	f_y(MPa)	α
取值	200000	330	0.001

4.2 试验结果与有限元结果对比

为了模拟桩拟静力试验的响应过程，按照 4.1 节的建模方法及本构关系建立有限元模型，以 2.2 节加载制度进行加载得到数值模拟结果，并将模拟结果与试验得到的破坏形态、滞回曲线、骨架曲线等进行对比。

4.2.1 桩破坏形态的模拟结果

由第 3 章的试验现象可知，各试件的破坏现象类似，因此给出了几种典型的破坏形态进行比较，如图 4-5 所示。

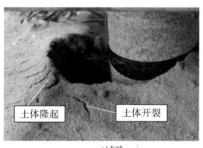
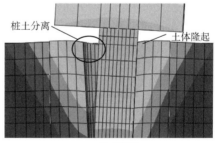

a)试验　　　　　　　　　　b)有限元

图 4-5　桩土分离现象(变形系数:10 倍)

从图 4-6 中可以看出，桩身在距地面线 0.6~0.8m(5~7 倍桩径)的范围内发生弯曲，在该区域混凝土的等效塑性应变 PEEQ = 0.1297 > 0，表明该区域内混凝土已发生损伤。数值模拟结果与试验结果较为一致，说明本章建立的有限元模型可以比较好地模拟出破坏形态。

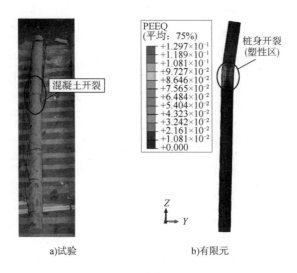

a) 试验　　　　　b) 有限元

图 4-6　桩身弯曲及开裂

4.2.2　滞回曲线

通过 ABAQUS 后处理器提取参考点位移和各荷载步的反力,使用函数 combine(x,y) 得到桩的滞回曲线。有限元与试验结果对比如图 4-7 所示。从图中可以看出,有限元计算得到的滞回曲线总体上正反对称,而试验结果由于竖向轴力不稳、测量误差等原因使得正反荷载并不完全对称且曲线不平滑。有限元结果与试验结果在线弹性段和最大荷载能较好地吻合。有限元滞回曲线同样具有比较明显的捏拢效应和下降段,且较为接近,说明有限元模型能反映结构的黏结滑移和刚度退化。有限元模拟结果与试验结果吻合良好,说明采用混凝土塑性损伤模型和 PQ-Fiber 中的 Usteel02 钢筋模型并考虑桩土接触等影响,对桩的滞回性能有良好的模拟和预测效果,可以大致模拟出循环荷载下桩的刚度退化、加卸载过程以及捏拢现象等滞回特性。

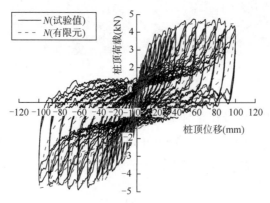

图 4-7　有限元结果与试验结果对比图

4.2.3 骨架曲线

根据材料性能试验结果,基于 ABAQUS 程序,对模型桩在循环荷载作用下的滞回性能进行数值模拟,将各级荷载的峰值点相连得到骨架曲线。图 4-8 给出了试件骨架曲线的对比情况。

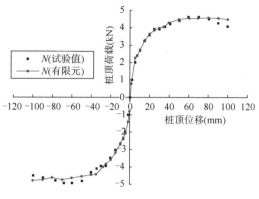

图 4-8 骨架曲线对比图

从图 4-8 中可以看出,骨架曲线在线弹性段吻合较好,主要区别在于最大荷载和下降段。分析结果表明:从荷载上来说,有限元模型与试验比较吻合,对应的屈服位移 Δ_y 也较为接近。本章的有限元模型虽然采用了能反映混凝土循环受力的塑性模型以及考虑了黏结滑移、混凝土保护层剥落等累积损伤的 Usteel02 本构,对于非线性极强的下降段仍存在偏差,但总体上趋势与试验一致。

4.3 本章小结

(1) 本章建立的 ABAQUS 有限元模型能较为准确地模拟土体隆起、桩土分离等试验现象;桩的破坏模式与试验结果一致,验证了 ABAQUS 在模拟桩水平受荷性能方面的有效性和准确性。

(2) 滞回曲线和骨架曲线对比,证明有限元模拟结果与试验结果吻合良好。

第 5 章

CHAPTER 5

整体桥桩 p-y 曲线分析

5.1 桩 p-y 曲线建立

本书所建立的有限元模型能较好地模拟桩从加载到破坏的全过程,尤其是在线弹性阶段。因此,在进行 p-y 曲线分析时,将土模拟成弹塑性材料,将桩模拟成弹性材料,从而建立 p-y 曲线。ABAQUS 后处理器中可以按照路径的方式提取桩身各节点的位移,以 *section print 的方式从数据文件 *.dat 提取桩身各截面弯矩并绘制 p-y 曲线。将拟静力试验获得的桩身弯矩分布曲线和 p-y 曲线等与有限元分析结果进行对比,如图 5-1 所示。

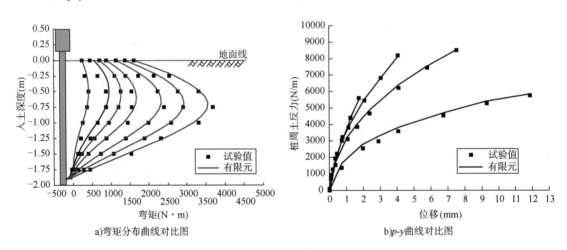

a) 弯矩分布曲线对比图   b) p-y 曲线对比图

图 5-1 弯矩和 p-y 曲线对比图

试验结果与有限元结果吻合较好,表明本书所建立的有限元模型用于单桩水平受荷分析是可行的。图 5-2 给出了桩在不同深度处的 p-y 曲线。

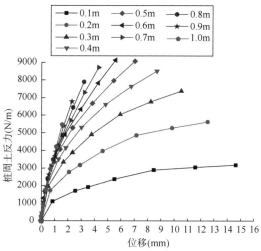

图 5-2 不同深度处 p-y 曲线图

双曲线型 p-y 曲线的表达式为：

$$\begin{cases} P = \dfrac{y}{\dfrac{1}{k} + \dfrac{y}{P_u}} \\ k = K_h z \end{cases} \quad (5\text{-}1)$$

式中：P_u——极限抗力。

通过对 p-y 曲线作的切线得到桩在不同深度下的地基土模量系数 K_h，列于表 5-1。

地基土模量系数 K_h 表 5-1

模型编号	K_h (kN/m³)									
	0.1m	0.2m	0.3m	0.4m	0.5m	0.6m	0.7m	0.8m	0.9m	1.0m
N	12518	12525	12525	12535	12552	12593	12609	12708	12772	12729

对于极限抗力 P_u，国内外学者对 P_u 取值的通常做法是将其简化，认为 P_u 与 K_p、γ'、z 及 D 等参数呈线性或幂函数关系，其中 K_p 为被动土压力系数，γ' 为地基土的有效重度，z 为地基土深度，D 为桩径。由于深度 0.5m 以下屈服不明显，因此，只给出 0.5m 以上的桩周土极限抗力值。不同深度处桩周土的极限抗力值见表 5-2。

桩极限抗力   表 5-2

模型编号	P_u (N/m²)				
	0.1m	0.2m	0.3m	0.4m	0.5m
N	3180	5619	7374	8503	9068

将表 5-2 的极限抗力数值绘制于图 5-3 中，发现 P_u 值随深度呈幂函数相关，因此假设 $P_u = \xi K_p \gamma' D z^n$，拟合得到 $\xi = 2$，$n = 0.55$。由有限元数据拟合得到 p-y 曲线的表达式为：

$$\begin{cases} P = \dfrac{y}{\dfrac{1}{k_{ini}} + \dfrac{y}{P_u}} \\ k_{ini} = K_h z \\ P_u = 2 K_p \gamma' D z^{0.55} \end{cases} \quad (5\text{-}2)$$

式中：y——侧向位移；

P_u——极限抗力；

K_p——被动土压力系数；

γ'——地基土的有效重度，对于干砂取天然重度，饱和砂取浮重度；

z——地基土深度；

D——桩径；

K_h——地基土模量系数。

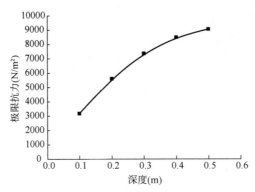

图 5-3　桩周土极限抗力随深度变化规律

$p\text{-}y$ 曲线参数取值见表 5-3。

p-y 曲线参数取值表　　　　　　　　　　　　　　表 5-3

模型编号	K_h（kN/m³）	K_p	γ'（kN/m³）
N	12500	3.69	16

输入各土层的初始模量系数 K_h 和由式(5-2)计算得到的 P_u 值，绘制桩在地面线下 0.1~0.5m 的 $p\text{-}y$ 曲线。拟合 $p\text{-}y$ 曲线与有限元 $p\text{-}y$ 曲线对比见图 5-4，从图可知二者符合较好。

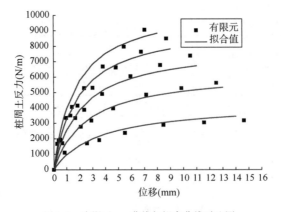

图 5-4　有限元 $p\text{-}y$ 曲线与拟合曲线对比图

5.2 结构计算模型

按照设计图纸,将结构离散为 593 个单元、614 个节点,利用 midas Civil 建立分析模型。采用土弹簧模拟桩土作用效应及桥台后被动土压力,土弹簧刚度按照《公路桥涵地基与基础设计规范》(JTG 3363—2019)中 m 法计算。桥台处主梁与桥台采用刚性连接模拟整体式桥台,主梁与桥墩采用刚性连接模拟墩梁固结、桩底固结。有限元模型如图 5-5 所示。模型单元及划分情况见表 5-4,施工工况见表 5-5。

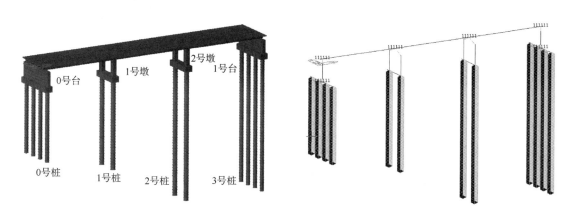

图 5-5 主桥分析模型

模型划分 表 5-4

构件	节点号	单元号	单元类型
C50 主梁	1~93	1~92	梁单元
C40 桥台	100~112	100~110	梁单元
C40 桥墩	200~231	200~227	梁单元
C30 承台	300~309	300~307	梁单元
C30 桩基	400~865	400~853	梁单元

施工信息明细表 表 5-5

施工阶段	施工天数(d)	工作内容说明
1	28	灌注桩施工
2	28	承台施工
3	28	桥墩台施工
4	50	主梁施工
5	1	张拉 N1
6	1	张拉 N2

续上表

施工阶段	施工天数（d）	工作内容说明
7	3	张拉 N3
8	7	桥台主梁固结
9	3	拆除支架
10	3	回填桥台填土
11	1	施加土弹簧
12	15	二期
13	3650	使用

5.3 主要材料

5.3.1 混凝土

混凝土材料名称及强度取值见表5-6。

混凝土材料名称及强度取值　　　　　表5-6

材料	项目	参数
C50 混凝土	抗压标准强度 f_{ck}	32.4MPa
	抗拉标准强度 f_{tk}	2.65MPa
	抗压设计强度 f_{cd}	22.4MPa
	抗拉设计强度 f_{td}	1.83MPa
	抗压弹性模量 E_c	34500MPa
	线膨胀系数 α	0.00001
C40 混凝土	抗压标准强度 f_{ck}	26.8MPa
	抗拉标准强度 f_{tk}	2.40MPa
	抗压设计强度 f_{cd}	18.4MPa
	抗拉设计强度 f_{td}	1.65MPa
	抗压弹性模量 E_c	32500MPa
	线膨胀系数 α	0.00001
C30 混凝土	抗压标准强度 f_{ck}	20.1MPa
	抗拉标准强度 f_{tk}	2.01MPa
	抗压设计强度 f_{cd}	13.8MPa
	抗拉设计强度 f_{td}	1.39MPa
	抗压弹性模量 E_c	30000MPa
	线膨胀系数 α	0.00001

主梁 C50 混凝土强度和容许应力见表 5-7。

主梁 C50 混凝土强度和容许应力(单位:MPa)　　　　　表 5-7

项目		强度	备注
承载能力极限状态	轴心抗压强度设计值 f_{cd}	22.4	
	轴心抗拉强度设计值 f_{td}	1.83	
正常使用极限状态	容许压应力 $0.5f_{ck}$	16.2	
	容许拉应力 $0.7f_{tk}$	1.86	A 类预应力混凝土
施工阶段	容许压应力 $0.7f'_{ck}$	22.7	
	容许拉应力 $0.7f'_{tk}$	1.86	

5.3.2　钢绞线

主梁钢绞线强度与容许应力见表 5-8。

主梁钢绞线强度与容许应力　　　　　表 5-8

材料	腹板束 16Φ*15.2
抗拉强度标准值 f_{pk}	1860MPa
抗拉强度设计值 f_{pd}	1260MPa
张拉控制应力 $0.72f_{pk}$	1339.2MPa
正常使用阶段容许最小拉应力值 $0.65f_{pk}$	1209MPa

5.3.3　普通钢筋

普通钢筋强度见表 5-9。

普通钢筋强度(单位:MPa)　　　　　表 5-9

材料	HRB400
强度标准值 f_{sk}	400
强度设计值 $f_{sd}(f'_{sd})$	330

5.4　设计荷载

5.4.1　恒载

恒载包括主梁自重和二期恒载,其材料密度见表 5-10。

桥梁结构材料密度表　　　表5-10

构件	种类	重度(kN/m³)	构件	种类	重度(kN/m³)
主梁	C50混凝土	26	桥墩及桥台	C40混凝土	26
桩基及承台	C30混凝土	26	桥面铺装	沥青混凝土	23

二期恒载计算如下：

桥面宽度为17m；C40混凝土调平层厚度为0.07m；C40混凝土调平层重度为26kN/m³；桥面铺装厚度为4cm沥青玛蹄脂碎石混合料（SMA-13）、6cm中粒式改性沥青混凝土（AC-20C）。护栏横截面面积约为0.55m²，花篮填土面积约为0.28m²。土重度按18kN/m³计。则二期恒载 $G_2 = 17 \times (0.07 \times 26 + 0.1 \times 23) + 0.55 \times 26 + 0.28 \times 18 = 108.72 (\text{kN/m}^3)$。

主梁实心段采用空心截面自重加上梁单元荷载进行模拟。空心截面特性由 midas Civil 程序中的"截面特性"直接得到；荷载加载长度即为实心段长度。单元荷载计算过程如下：

桥台实心段（长度3m）：实心面积 $= 17\text{m} \times 1.6\text{m} = 27.2(\text{m}^2)$；

支点截面面积 $= 14.37371\text{m}^2$；

梁单元荷载 $= (27.2 - 14.37371) \times 26 \times 1 = 333.48(\text{kN})$；

墩顶实心段（长度2.5m）：实心面积 $= 20.8459\text{m}^2$；

B-B 截面面积 $= 14.37371\text{m}^2$；

梁单元荷载 $= (20.8459 - 14.37371) \times 26 \times 1 = 168.28(\text{kN})$。

5.4.2　汽车荷载

本桥汽车荷载等级为城-A级，车道为双向四车道，其荷载按《城市桥梁设计规范》（CJJ 11—2011）规定选取。车道布置如图5-6所示。

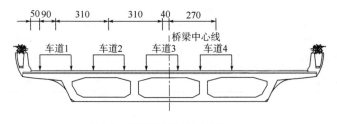

图5-6　车道布置图（尺寸单位：cm）

5.4.3　冲击力

计算连续梁的冲击力引起的正弯矩和剪力效应时，采用 f_1；计算连续梁的冲击力引起的负弯矩效应时，采用 f_2。

连续梁桥的基频的计算公式为：

$$f_1 = \frac{13.616}{2\pi l^2}\sqrt{\frac{EI_c}{m_c}}$$

$$f_2 = \frac{23.651}{2\pi l^2}\sqrt{\frac{EI_c}{m_c}} \tag{5-3}$$

式中：l——结构的计算跨径；

E——结构材料的弹性模量；

I_c——结构跨中截面的截面惯矩；

m_c——结构跨中处的单位长度质量。

该桥：$l = 30\text{m}$，$E = 3.45 \times 10^{10} \text{N/m}^2$，$I_c = 3.446705 \text{m}^4$，$m_c = A\gamma = 10.1345 \times 2600 = 26349.7 \text{kg/m}$；计算出 $f_1 = 0.370$，$f_2 = 0.273$。计算中，A 为结构跨中截面面积，γ 为材料重度。

5.4.4 制动力

对于汽车制动力，按《公路桥涵设计通用规范》（JTG D60—2015）第 4.3.5 条取值。该桥设计一幅为同向四车道，则制动力为 $165 \times 2.68 = 442.2 \text{kN}$。

5.4.5 整体温度变化

温度变化时，整体温度差按整体升温 25℃、整体降温 -25℃计算。

5.4.6 温度梯度

升、降温梯度模式按照《公路桥涵设计通用规范》（JTG D60—2015）中第 4.3.12 条规定，如图 5-7 所示。

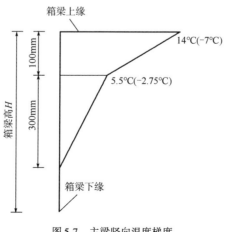

图 5-7 主梁竖向温度梯度

对于沥青混凝土铺装,截面正温差梯度 $T_1 = 14℃$,$T_2 = 5.5℃$。截面负温差梯度在正温差梯度的基础上乘以 -0.5。

5.4.7 不均匀沉降

不均匀沉降考虑为 10mm。

5.5 荷载组合工况

根据《公路桥涵设计通用规范》(JTG D60—2015);全面考虑表 5-11 所列的荷载组合,其中 cLCB1 ~ cLCB30 为承载能力极限状态组合,cLCB31 ~ cLCB55 为正常使用极限状态组合,cLCB56 ~ cLCB69 为弹性阶段应力验算的标准荷载组合。恒荷载包括自重、二期恒载、静止土压力和不均匀沉降。

荷载组合表　　　　表 5-11

荷载组合	截面温升	截面温降	制动力	整体温升	整体温降	E1地震	E2地震	移动荷载	冲击力	恒荷载	钢束一次	钢束二次	徐变一次	徐变二次	收缩一次	收缩二次
E1 组合						1				1	1	1	1	1	1	1
E2 组合							1			1	1	1	1	1	1	1
cLCB1	0								0.5	1.2	1.2	1		1		
cLCB2	0							1.4	0.5	1.2	1.2	1		1		
cLCB3	1.4			1.4					0.5	1.2	1.2	1		1		
cLCB4		1.4		1.4					0.5	1.2	1.2	1		1		
cLCB5	1.4				1.4				0.5	1.2	1.2	1		1		
cLCB6		1.4			1.4				0.5	1.2	1.2	1		1		
cLCB7			0.784					1.4	0.5	1.2	1.2	1		1		
cLCB8	1.12			1.12				1.4	0.5	1.2	1.2	1		1		
cLCB9		1.12		1.12				1.4	0.5	1.2	1.2	1		1		
cLCB10	1.12				1.12			1.4	0.5	1.2	1.2	1		1		
cLCB11		1.12			1.12			1.4	0.5	1.2	1.2	1		1		
cLCB12	0.98		0.686	0.98				1.4	0.5	1.2	1.2	1		1		
cLCB13		0.98	0.686	0.98				1.4	0.5	1.2	1.2	1		1		
cLCB14	0.98		0.686		0.98			1.4	0.5	1.2	1.2	1		1		
cLCB15		0.98	0.686		0.98			1.4	0.5	1.2	1.2	1		1		
cLCB16									0.5	1	1	1		1		1
cLCB17								1.4	0.5	1	1	1		1		1

续上表

荷载组合	截面温升	截面温降	制动力	整体温升	整体温降	E1地震	E2地震	移动荷载	冲击力	恒荷载	钢束一次	钢束二次	徐变一次	徐变二次	收缩一次	收缩二次
cLCB18	1.4			1.4					0.5	1	1	1	1	1	1	1
cLCB19		1.4		1.4					0.5	1	1	1	1	1	1	1
cLCB20	1.4				1.4				0.5	1	1	1	1	1	1	1
cLCB21		1.4			1.4				0.5	1	1	1	1	1	1	1
cLCB22			0.784					1.4	0.5	1	1	1	1	1	1	1
cLCB23	1.12			1.12				1.4	0.5	1	1	1	1	1	1	1
cLCB24		1.12		1.12				1.4	0.5	1	1	1	1	1	1	1
cLCB25	1.12				1.12			1.4	0.5	1	1	1	1	1	1	1
cLCB26		1.12			1.12			1.4	0.5	1	1	1	1	1	1	1
cLCB27	0.98		0.686	0.98				1.4	0.5	1	1	1	1	1	1	1
cLCB28		0.98	0.686	0.98				1.4	0.5	1	1	1	1	1	1	1
cLCB29	0.98		0.686		0.98			1.4	0.5	1	1	1	1	1	1	1
cLCB30		0.98	0.686		0.98			1.4	0.5	1	1	1	1	1	1	1
cLCB31										1	1	1	1	1	1	1
cLCB32								0.6667		1	1	1	1	1	1	1
cLCB33	0.8			1						1	1	1	1	1	1	1
cLCB34		0.8		1						1	1	1	1	1	1	1
cLCB35	0.8				1					1	1	1	1	1	1	1
cLCB36		0.8			1					1	1	1	1	1	1	1
cLCB37			0.7					0.6667		1	1	1	1	1	1	1
cLCB38	0.8			1				0.6667		1	1	1	1	1	1	1
cLCB39		0.8		1				0.6667		1	1	1	1	1	1	1
cLCB40	0.8				1			0.6667		1	1	1	1	1	1	1
cLCB41		0.8			1			0.6667		1	1	1	1	1	1	1
cLCB42	0.8		0.7	1				0.6667		1	1	1	1	1	1	1
cLCB43		0.8	0.7	1				0.6667		1	1	1	1	1	1	1
cLCB44	0.8		0.7		1			0.6667		1	1	1	1	1	1	1
cLCB45		0.8	0.7		1			0.6667		1	1	1	1	1	1	1
cLCB46								0.381		1	1	1	1	1	1	1
cLCB47			0.7					0.381		1	1	1	1	1	1	1
cLCB48	0.8			1				0.381		1	1	1	1	1	1	1
cLCB49		0.8		1				0.381		1	1	1	1	1	1	1
cLCB50	0.8				1			0.381		1	1	1	1	1	1	1
cLCB51		0.8			1			0.381		1	1	1	1	1	1	1

续上表

荷载组合	截面温升	截面温降	制动力	整体温升	整体温降	E1地震	E2地震	移动荷载	冲击力	恒荷载	钢束一次	钢束二次	徐变一次	徐变二次	收缩一次	收缩二次
cLCB52	0.8		0.7	1				0.381	1	1	1	1		1		1
cLCB53		0.8	0.7	1				0.381	1	1	1	1		1		1
cLCB54	0.8		0.7		1			0.381	1	1	1	1		1		1
cLCB55		0.8	0.7		1			0.381	1	1	1	1		1		1
cLCB56								1	1	1	1	1		1		1
cLCB57	1			1					1	1	1	1		1		1
cLCB58		1		1					1	1	1	1		1		1
cLCB59	1				1				1	1	1	1		1		1
cLCB60		1			1				1	1	1	1		1		1
cLCB61			0.7					1	1	1	1	1		1		1
cLCB62	1			1				1	1	1	1	1		1		1
cLCB63		1		1				1	1	1	1	1		1		1
cLCB64	1				1			1	1	1	1	1		1		1
cLCB65		1			1			1	1	1	1	1		1		1
cLCB66	1		0.7	1				1	1	1	1	1		1		1
cLCB67		1	0.7	1				1	1	1	1	1		1		1
cLCB68	1		0.7		1			1	1	1	1	1		1		1
cLCB69		1	0.7		1			1	1	1	1	1		1		1

5.6 边界条件

5.6.1 桩基水平弹簧刚度

在 midas Civil 建模模拟中,根据式(5-2)计算桩基水平弹簧刚度。

5.6.2 台后土压力模拟

在 midas Civil 模型中,台后填土土压力计算常采用静止土压力 + 仅受压的非线性土弹簧(考虑被动土压力)来模拟。则升温时为静止土压力 + 横向弹性土抗力;降温时为主动土压力。台后填土为非黏性砂土,静止土压力系数 $K_0 = 0.4$,黏聚力 $c = 0$,重度为 $18kN/m^3$,台高 9.1m(含承台),静止土压力沿台身线性分布。

桥台顶部静止土压力为 0,在 midas Civil 模型中按连续梁单元荷载加载于桥台单元上。

桥台承台静止土压力如图 5-8、图 5-9 所示。

桥台顶部静止土压力:$P_0 = K_0 \gamma z b = 0.4 \times 18 \times 1.6 \times 17.875 = 195.8 \text{kN/m}$。

其中,γ 为土体重度;z 为计算点离土体表面深度;b 为桥台宽度。

5.6.2.1 0 号桥台承台

端墙底部静止土压力:$P_0 = K_0 \gamma z b = 0.4 \times 18 \times 7.1 \times 17.875 = 913.8 \text{kN/m}$。

承台处静止土压力:$P_0 = K_0 \gamma z b = 0.4 \times 18 \times 9.1 \times 17.875 = 1171.2 \text{kN/m}$。

0 号桥台承台静止土压力分布如图 5-8 所示。

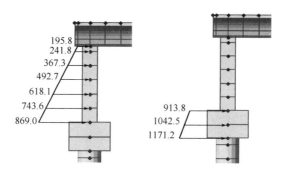

图 5-8 0 号桥台承台静止土压力分布图(单位:kN/m)

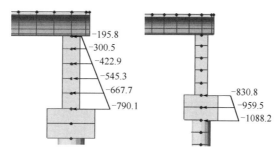

图 5-9 3 号桥台承台静止土压力分布图(单位:kN/m)

5.6.2.2 3 号桥台承台

端墙底部静止土压力:$P_0 = K_0 \gamma z b = 0.4 \times 18 \times 6.455 \times 17.875 = 830.8 \text{kN/m}$。

承台处静止土压力:$P_0 = K_0 \gamma z b = 0.4 \times 18 \times 8.455 \times 17.875 = 1088.2 \text{kN/m}$。

台后采用仅受压的非线性土弹簧模拟被动土压力。被动土压力模拟示意图如图 5-10 所示。当桥台位移为 $\Delta H = 0.02H$(H 为桥台高度)时达到最大被动土压力,之后土体破坏不再产生土压力。被动土压力沿台身线性分布。桥台顶部被动土压力为 0,在 midas Civil 模型中按节点弹性支撑中的多折线弹簧来模拟,并依次输入曲线上控制点的位移大小和外力大小。则 0 号台端墙底部被动土压力为:

$K_p = \tan^2(45° + \varphi/2) = \tan^2(45° + 37°/2)$。

$P_p = K_p \gamma z b = \tan^2(45° + 37°/2) \times 18 \times 7.1 \times 17 = 8739.87 \text{kN/m}$。

$P_p - P_0 = 8739.87 - 869.04 = 7870.83 \text{kN/m}$。

$\Delta H = 0.02 \times 9.1 = 0.182 \text{m}$。

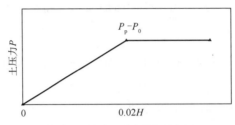

图 5-10　被动土压力模拟示意图

按表 5-12 计算结果输入 0 号台、3 号台各个节点的被动土压力。

桥台各节点被动土压力 表 5-12

桥台	节点	类型	方向	x0	y0	x1	y1	x2	y2
0 号桥台	100	多线性	Dx(-)	0	0	0.182	1773.78	0.50	1773.78
	101	多线性	Dx(-)	0	0	0.182	2221.22	0.50	2221.22
	102	多线性	Dx(-)	0	0	0.182	2993.19	0.50	2993.19
	103	多线性	Dx(-)	0	0	0.182	4212.60	0.50	4212.60
	104	多线性	Dx(-)	0	0	0.182	5432.01	0.50	5432.01
	105	多线性	Dx(-)	0	0	0.182	6651.42	0.50	6651.42
	106	多线性	Dx(-)	0	0	0.182	7870.83	0.50	7870.83
	300	多线性	Dx(-)	0	0	0.182	9057.07	0.5	9057.07
	301	多线性	Dx(-)	0	0	0.182	10030.64	0.5	10030.64
3 号桥台	107	多线性	Dx(+)	0	0	0.172	1773.78	0.50	1773.78
	108	多线性	Dx(+)	0	0	0.172	2882.35	0.50	2882.35
	109	多线性	Dx(+)	0	0	0.172	3990.92	0.50	3990.92
	110	多线性	Dx(+)	0	0	0.172	5099.49	0.50	5099.49
	111	多线性	Dx(+)	0	0	0.172	6208.06	0.50	6208.06
	112	多线性	Dx(+)	0	0	0.172	7316.63	0.50	7316.63
	308	多线性	Dx(+)	0	0	0.172	8346.06	0.50	8346.06
	309	多线性	Dx(+)	0	0	0.172	9319.63	0.50	9319.63

注：表格中 x 为桥台位移；y 为被动土压力；Dx(-) 和 Dx(+) 的具体含义如图 5-11 所示。

图 5-11　Dx(-) 和 Dx(+) 定义图

5.6.3　桩底固结

桩底边界条件见表 5-13。

桩底边界条件   表5-13

位置	节点	Dx	Dy	Dz	Rx	Ry	Rz	边界组
0号桥台	426	1	1	1	1	1	1	桩固结
	453	1	1	1	1	1	1	桩固结
	480	1	1	1	1	1	1	桩固结
	507	1	1	1	1	1	1	桩固结
1号桥墩	540	1	1	1	1	1	1	桩固结
	573	1	1	1	1	1	1	桩固结
2号桥墩	621	1	1	1	1	1	1	桩固结
	669	1	1	1	1	1	1	桩固结
3号桥台	718	1	1	1	1	1	1	桩固结
	767	1	1	1	1	1	1	桩固结
	816	1	1	1	1	1	1	桩固结
	865	1	1	1	1	1	1	桩固结

注:D_x、D_y、D_z分别为三个方向的位移;R_x、R_y、R_z分别为三个方向的转角;1表示约束。

5.6.4 上下部连接方式

桥台处主梁与桥台采用刚性连接模拟整体式桥台,主梁与桥墩采用刚性连接模拟墩梁固结,如图5-12所示。表5-14给出了刚性连接主节点和从属节点。

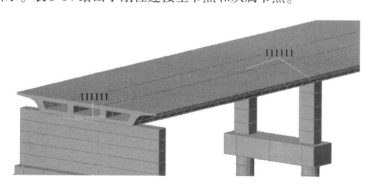

图5-12 上下部结构连接方式示意图

刚性连接主节点和从属节点   表5-14

位置	主节点	类型	从属节点	边界组
0号桥台	3	111111	100	台梁固结
1号桥墩	32	111111	230、228	墩梁固结
2号桥墩	62	111111	231、229	墩梁固结
3号桥台	91	111111	107	台梁固结

注:111111表示刚性连接。

5.7 主桥主梁结构验算

5.7.1 持久状况承载能力极限状态验算

5.7.1.1 正截面抗弯承载力验算

图 5-13 给出了承载能力极限状态下的主梁正截面抗弯承载力验算结果,验算应满足式(5-4):

$$\gamma_0 M_d \leq M_u \tag{5-4}$$

式中:γ_0——桥涵结构的重要性系数;
M_d——弯矩设计值;
M_u——抗弯承载力。

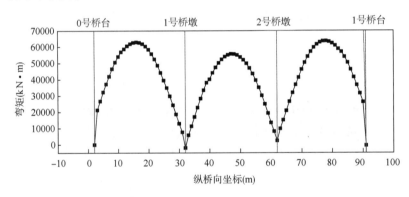

图 5-13 承载能力极限状态组合下主梁正截面验算结果

5.7.1.2 斜截面抗剪承载能力验算

斜截面抗剪承载能力验算应满足式(5-5)。根据图 5-14,全桥所有截面满足抗剪承载能力验算。

$$\gamma_0 V_d \leq V_u \tag{5-5}$$

式中:V_d——剪力设计值;
V_u——抗剪承载力。

5.7.2 持久状况正常使用极限状态验算

5.7.2.1 顶底缘混凝土抗裂验算

《公路钢筋混凝土及预应力混凝土桥涵设计规范》(JTG 3362—2018)第 6.3.1 条规定,A 类预应力混凝土构件,在作用频遇组合下构件应满足式(5-6)的要求。

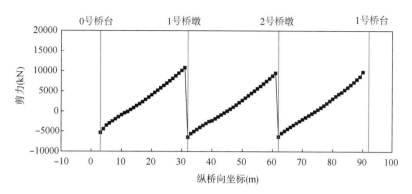

图 5-14　承载能力极限状态组合下主梁抗剪截面验算

$$\sigma_{st} - \sigma_{pc} \leqslant 0.7 f_{tk} \quad (5-6)$$

式中：σ_{st}——在作用频遇组合下构件抗裂边缘混凝土的法向拉应力；

σ_{pc}——由预加力产生的混凝土法向预压应力；

f_{tk}——混凝土轴心抗拉强度标准值。

从图 5-15 中可以看出，在正常使用频遇组合作用下，所有截面顶底缘均未超过容许拉应力，满足要求。

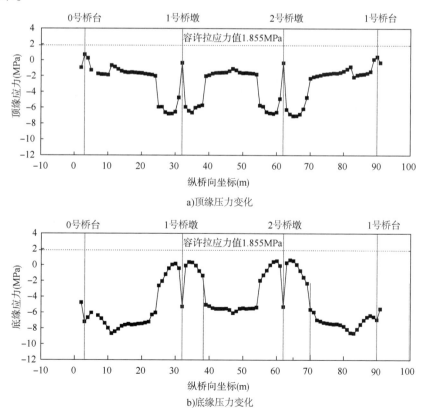

a) 顶缘压力变化

b) 底缘压力变化

图 5-15　正常使用频遇组合作用下主梁应力

对于 A 类预应力混凝土构件,还应对构件按《公路钢筋混凝土及预应力混凝土桥涵设计规范》(JTG 3362—2018)第 6.3.1 条进行斜截面主拉应力验算,满足式(5-7):

$$\sigma_{tp} \leqslant f_{tk} \quad (5\text{-}7)$$

式中:σ_{tp}——构件混凝土中的主拉应力。

从图 5-16 中可以看出,在正常使用频遇组合作用下,所有截面均未超过容许拉应力,满足要求。

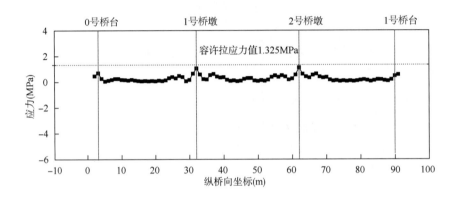

图 5-16 斜截面主拉应力验算

5.7.2.2 变形验算

变形验算按《公路钢筋混凝土及预应力混凝土桥涵设计规范》(JTG 3362—2018)中 6.5 节规定进行。从图 5-17 中的主梁变形图可以看出,主梁频遇组合最大位移为 22.18mm,使用阶段的挠度还应考虑荷载长期效应的影响,乘以挠度长期增长系数 $\eta_\theta = 1.425$,故长期挠度值为 31.607mm,小于规范规定的容许值 50mm(计算跨径 30m 的 1/600),满足要求。

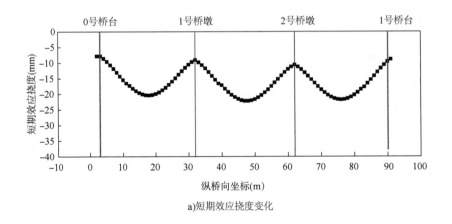

a)短期效应挠度变化

图 5-17

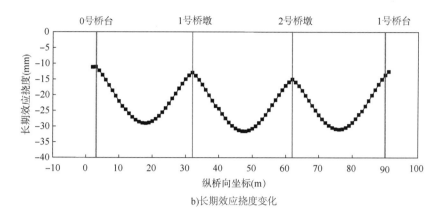

b)长期效应挠度变化

图5-17 正常使用阶段的主梁最大挠度分布图

5.7.3 持久状况和短暂状况构件的应力验算

5.7.3.1 持久状况顶底板混凝土压应力验算

《公路钢筋混凝土及预应力混凝土桥涵设计规范》(JTG 3362—2018)第7.1.5条规定,A类预应力混凝土构件,在作用(或荷载)标准效应组合下受压区混凝土的最大压应力,未开裂构件应满足式(5-8)要求。

$$\sigma_{kc} + \sigma_{pt} \leq 0.5 f_{ck} \tag{5-8}$$

式中:σ_{kc}——由作用标准值产生的混凝土法向压应力;

σ_{pt}——由预加应力产生的混凝土法向拉应力;

f_{ck}——混凝土轴心抗压强度标准值。

从图5-18中可以看出,在作用(或荷载)标准效应组合(组合Ⅵ)下,主梁各截面顶底缘压应力均在规定的限值范围16.2MPa之内,满足要求。

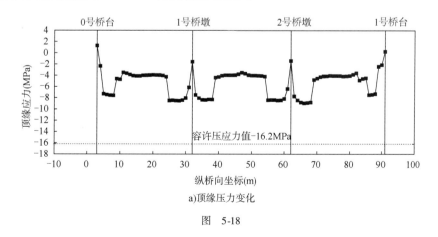

a)顶缘压力变化

图 5-18

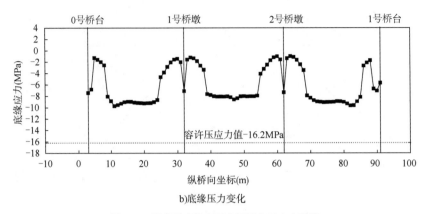

b) 底缘压力变化

图 5-18 标准效应组合下主梁最大压应力验算

对于 A 类预应力混凝土构件,还应对构件斜截面主压应力进行验算,并满足下式:

$$\sigma_{cp} \leq 0.6 f_{tk} \tag{5-9}$$

式中:σ_{cp}——构件混凝土中的主压应力。

从图 5-19 中可以看出,在正常使用频遇组合作用下,所有截面主压应力均未超过容许压应力,满足要求。

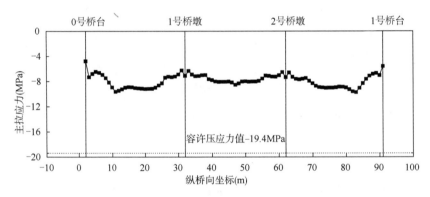

图 5-19 斜截面主压应力验算

5.7.3.2 预应力钢筋验算

《公路钢筋混凝土及预应力混凝土桥涵设计规范》(JTG 3362—2018)第 7.1.5 条规定,受拉区预应力钢筋的最大拉应力对钢绞线应满足小于或等于 $0.65 \times 1860 = 1209$ MPa。受拉区钢筋的最大拉应力可直接由 midas Civil 计算结果提取,各预应力钢束的最大拉应力计算结果汇总于表 5-15。从表中可知,钢束拉应力均满足规范要求。

预应力钢束参数与验算表 表 5-15

钢束编号	验算	最大拉应力(MPa)	容许应力(MPa)
N1-1	满足	1155.88	1209
N1-2	满足	1155.88	1209
N1-3	满足	1155.36	1209

续上表

钢束编号	验算	最大拉应力(MPa)	容许应力(MPa)
N1-4	满足	1155.36	1209
N1-5	满足	1155.41	1209
N1-6	满足	1155.41	1209
N1-7	满足	1156.02	1209
N1-8	满足	1156.03	1209
N2-1	满足	1175.18	1209
N2-2	满足	1175.18	1209
N2-3	满足	1176.64	1209
N2-4	满足	1176.65	1209
N2-5	满足	1176.70	1209
N2-6	满足	1176.70	1209
N2-7	满足	1175.34	1209
N2-8	满足	1175.34	1209
N3-1	满足	1202.35	1209
N3-2	满足	1202.36	1209
N3-3	满足	1202.60	1209
N3-4	满足	1202.60	1209
N3-5	满足	1202.66	1209
N3-6	满足	1202.66	1209
N3-7	满足	1202.53	1209
N3-8	满足	1202.53	1209

5.7.3.3 施工阶段混凝土应力验算

本桥采用满堂架施工,主梁主要施工顺序为:

(1)下部结构施工;
(2)主梁梁段整体现浇施工,墩梁固结,张拉预应力钢束 N1、N2、N3;
(3)桥台主梁固结;
(4)拆除满堂架;
(5)回填台后填土;
(6)桥面系施工。

根据《公路钢筋混凝土及预应力混凝土桥涵设计规范》(JTG 3362—2018)第7.2.8条,预应力混凝土受弯构件,在预应力和构件自重等施工荷载作用下截面边缘混凝土的法向应力应满足:压应力 $\sigma_{cc}^t \leq 0.7 f_{ck}' = -22.68 \text{MPa}$;拉应力 $\sigma_{ct}^t \leq 0.7 f_{tk}' = 1.855 \text{MPa}$。其中,$\sigma_{cc}^t$、$\sigma_{ct}^t$ 分别为按短暂状况计算时截面预压区、预拉区边缘混凝土的压应力、拉应力,f_{ck}'、f_{tk}' 分别为与制作、运输、安装各施工阶段混凝土立方体抗压强度 f_{cu}' 相应的轴心抗压强度标准值、轴心抗拉强度标准值。

取不利施工顺序(2)、(4)进行计算,各主要施工阶段箱梁顶缘和底缘应力见图5-20。可以看出,各个施工阶段的箱梁顶底板应力均满足要求。

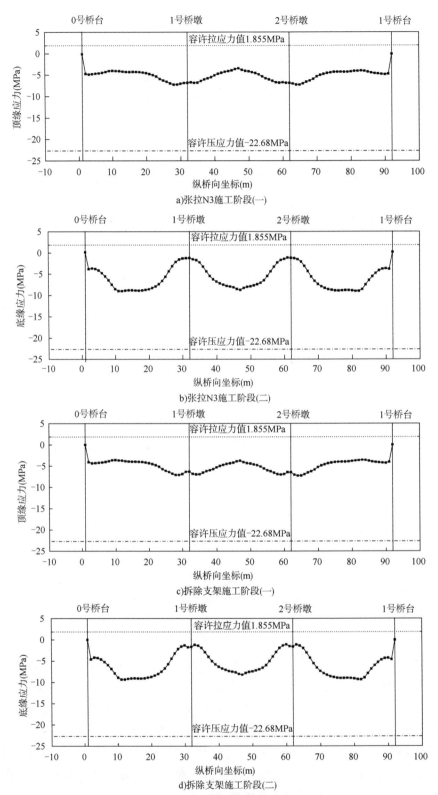

图5-20 各主要施工阶段箱梁顶缘和底缘应力

5.8 主桥下部结构验算

5.8.1 主桥桥台桩基验算

根据《公路桥涵地基与基础设计规范》(JTG 3363—2019)以及《公路钢筋混凝土及预应力混凝土桥涵设计规范》(JTG 3362—2018)的相关规定,下部结构应按不同部位进行承载力极限状态计算、正常使用极限状态计算。桥台桩基受力验算,包括以下内容:桩身强度验算、裂缝宽度验算。

5.8.1.1 桩基承载力验算

3号桥台按摩擦桩考虑,根据《公路桥涵地基与基础设计规范》(JTG 3363—2019)第6.3.3条验算桩基承载能力。

$$\begin{cases} [R_a] = \dfrac{1}{2} u \sum_{i=1}^{n} q_{ik} l_i + A_p q_r \\ q_r = m_0 \lambda [[f_{a0}] + k_2 \gamma_2 (h-3)] \end{cases} \quad (5\text{-}10)$$

式中:R_a——单桩轴向受压承载力特征值(kN);

u——桩身周长(m);

A_p——桩端截面面积(m²);

n——土的层数;

l_i——承台底面或局部冲刷线以下各土层的厚度(m);

q_{ik}——与l_i对应的各土层与桩侧的摩阻力标准值(kPa);

q_r——修正后的桩端土承载力特征值(kPa);

f_{a0}——桩端土的承载力特征值(kPa);

h——桩端的埋置深度(m);

k_2——承载力特征值的深度修正系数;

γ_2——桩端以上各土层的加权平均重度(kN/m³);

λ——修正系数;

m_0——清底系数。

3号桥台桩长为45m,桩径$d=150$cm,周长$u=4.71$m,横截面面积$A_p=1.767$m²,各土层厚度l_i见表5-16。

清底系数m_0按《公路桥涵地基与基础设计规范》(JTG 3363—2019)表6.3.3-3,取$m_0=0.7$。

修正系数λ按《公路桥涵地基与基础设计规范》(JTG 3363—2019)表6.3.3-2选用,桩端渗透系数取 2.3m/d，为透水层，$l/d = 44/1.5 = 29.3 > 25$，则有 $\lambda = 0.85$。

基本承载力容许值$[f_{a0}]$及摩阻力标准值q_{ik}分别按《南坪三期 5 标段报告 A31》中表 12、表 13 取值。桩端处$[f_{a0}] = 400 \text{kPa}$。

深度修正系数k_2按《公路桥涵地基与基础设计规范》(JTG 3363—2019) 表 4.3.4 取$k_2 = 6$。

根据《公路桥涵地基与基础设计规范》(JTG 3363—2019) 第 6.3.3 条，桩端埋置深度h的计算值不大于 40m，桩长 45m，h 按 40m 计算。

γ_2 取桩端以上各土层的加权平均重度。按《南坪三期 5 标段报告 A31》中表 18 取值，并计算得到$\gamma_2 = 20.4 \text{kN/m}^3$。

则：$q_r = m_0\lambda[f_{a0}] + k_2\gamma_2(h-3) = 0.7 \times 0.85 \times 400 + 6 \times 20.4 \times (40-3) = 4766.8 \text{kN/m}^2$。
$A_p q_r = 4766.8 \times 1.767 = 8422.936 \text{kN}$。

桩侧阻力详见表 5-16。

桩侧阻力计算表　　　　　　　　　　　　表 5-16

地层名称	周长 u(m)	极限摩阻力(kPa)	土层厚度 l_i(m)	侧阻力(kN)	总侧阻力(kN)
素填土①1	4.712	20	1.87	88.11	12335.07
粉砂岩(31)1	4.712	90	14	2968.56	
粉砂岩(31)2	4.712	140	28.13	9278.4	

取桩底设计荷载为 5739.0kN。

得$[R_a] = 12335.07 + 8422.93 = 20757.10 \text{kN} > 5739.0 \text{kN}$。

容许承载力大于单桩承载力设计值。

5.8.1.2 桩身强度验算

取桥台桩基进行桩身强度验算，包括：轴心(F_{xmin})——轴力最小时的轴心受压验算，偏心$[F_{xmin}(M_y)]$——轴力最小时的偏心受压验算，偏心(M_{ymax})——主弯矩最大时的偏心受压验算，偏心(M_{ymin})——主弯矩最小时的偏心受压验算。验算结果如图 5-21～图 5-24 所示，图中符号以受压为正，受拉为负，可知桩身强度满足要求。

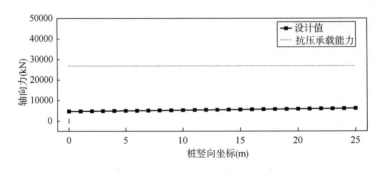

图 5-21　轴心(F_{xmin})：轴力最小时的轴心受压验算

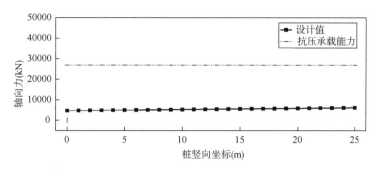

图 5-22 偏心 $[F_{xmin}(M_y)]$:轴力最小时的偏心受压验算

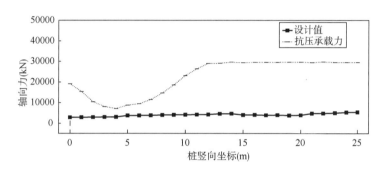

图 5-23 偏心 (M_{ymax}):主弯矩最大时的偏心受压验算

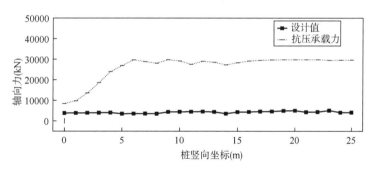

图 5-24 偏心 (M_{ymin}):主弯矩最小时偏心受压验算

5.8.2 下部结构裂缝宽度验算

取桥台、桥墩和桩基进行裂缝宽度验算。验算结果如图 5-25 ~ 图 5-27 所示,由图可知,桥台端墙和桩基以及桥墩墩柱和桩基裂缝宽度验算满足要求。

桥台配筋:1 层直径为 32mm 的 HRB400 钢筋;

桥台桩基配筋:30 根直径为 32mm 的 HRB400 钢筋;

桥墩配筋:2 层直径为 28mm 的 HRB400 钢筋;

桥墩桩基配筋:40 根直径为 28mm 的 HRB400 钢筋。

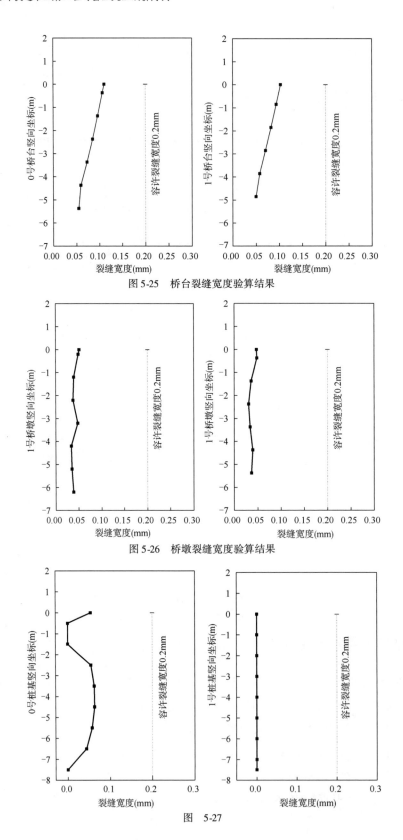

图 5-25　桥台裂缝宽度验算结果

图 5-26　桥墩裂缝宽度验算结果

图 5-27

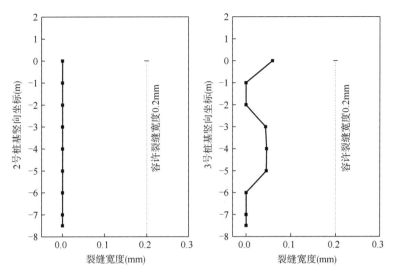

图 5-27　桩基裂缝宽度验算结果

5.9　本章小结

（1）利用有限元计算结果，基于双曲线型 p-y 曲线拟合出适用于桩的 p-y 曲线。

（2）采用通用有限元软件 midas Civil 建起全桥有限元模型，分析采用 p-y 曲线模拟桩-土相互作用，发现主梁结构验算和下部结构验算均能满足相关规范要求。

第 6 章

CHAPTER 6

Z 式引板试验研究

6.1 试验模型设计与制作

6.1.1 试件设计与制作

本试验以深圳市南坪快速路三期工程马峦立交主线桥 Z 式引板为研究对象。在设计试件模型尺寸过程中,考虑了以下几项试验场地限制因素:

(1)试件尺寸应控制在试验预制场地及试验室加载区范围内;

(2)试件吊装重量不超过现有 25t 吊装能力。

综合考虑上述因素后,Z 式引板试件所用材料与实桥 Z 式引板一致:混凝土采用 C30 混凝土,纵筋采用 HRB400 带肋钢筋,箍筋采用 HPB300 钢筋。试件宽度方向取单位板宽 1m 进行设计。考虑到试验加载区范围长度限制而实桥左右两幅共四个引板中,上板长度最短为 Y03 号引板,其上板长度为 856.9cm,引板总长为 1151.4cm,故试件上板板长取为 705cm,比实际 Y03 号引板小 151.9cm,其他参数为:上板板厚为 35cm,斜板水平投影长度及其厚度分别为 107.4cm 和 21cm,下板板长和厚度分别为 187.1cm 和 25cm,下板埋置深度为 132.5cm,均按实桥 Z 式引板取值。

为便于后文分析本试验对两个试件及相应工况,采用 ZASA$_i$-L 进行编号。其中字母 ZAS 表示 Z 式引板(Z-shaped Approach Slab),A$_i$ 代表斜板倾斜角度,为方便试件制作,本书以下统一界定斜板倾角为斜板与下板之间的锐角,在图 6-1 中用 θ 表示,本试验试件斜板倾斜角度分别为 30°和 45°,字母 L 表示试件加载方式,主要包括纵桥向水平推位移 Push 和纵桥向水平拉位移 Pull。

以 Z 式引板斜板倾角为参数(30°和 45°)分别设计 Z 式引板,对斜板 30°Z 式引板

（ZAS30）和斜板 45°Z 式引板（ZAS45）开展试验。受斜板倾角改变,斜板水平投影长度分别为 186cm 和 108.4cm,Z 式引板总长分别为 1078.1cm 和 1000.5cm。以 ZAS30 引板试件(图 6-1)为例,试件配筋方法与实桥 Z 式引板相同,均采用双层钢筋布置,箍筋采用 HPB300 钢筋,纵筋采用 HRB400 带肋钢筋,如图 6-2 所示。试件均采用 C30 商用混凝土进行浇筑。

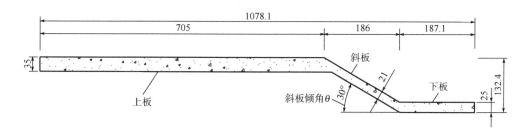

图 6-1 ZAS30 引板试件立面布置图(尺寸单位:cm)

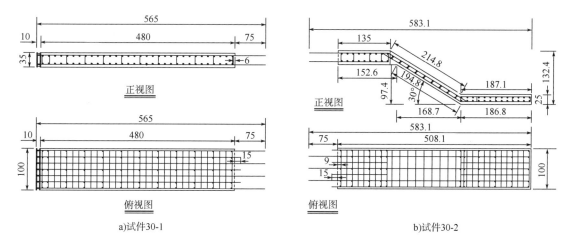

a)试件30-1　　　　　　　　　　　　　　b)试件30-2

图 6-2 ZAS30 引板预制图(尺寸单位:cm)

由于试验预制场地限制,上文所设计的 Z 式引板试件总长度过大。因此,需要将每个试件分为三个部分,包括两个预制段和一个后浇段。后浇段与预制段的钢筋连接应满足平法图集中对预制拼接构件钢筋连接的要求。

Z 式引板试验试件的制作主要分为以下几个步骤:①钢筋贴片,对应钢筋应变分析点打磨贴片并用环氧包裹处理,以免混凝土浇筑时应变片损坏。②侧模制作:主要包括上板预制段底模和侧模的安装及固定,斜板和下板预制段底模及侧模的安装和固定。③钢筋绑扎:分别对上板预制段及斜板和下板预制段进行纵向钢筋定位,确保两个预制段的预留纵向钢筋在同一直线上,其后进行横向钢筋的布置及绑扎,上板预制段钢筋绑扎,斜板及下板预制段钢筋绑扎。④试件浇筑及养护成型,主要包括试验试件及试块、约束装置浇筑养护等。⑤预制段定位拼接,主要包括试件吊装定位、混凝土表面凿毛、钢筋焊接对接及其绑扎、支模、浇筑混凝土、养护等。图 6-3 为两个 Z 式引板试件制作成型照片。

图6-3　Z式引板试件制作完成

6.1.2　试验箱设计及制作

为尽可能确保室内Z式引板试验的边界条件与实桥Z式引板的情况相同,需保证Z式引板发生纵桥向位移时,砂的运动不受试验箱尺寸限制,即需考虑Z式引板-土相互作用对砂沿纵桥向及深度方向的位移影响。

6.1.2.1　试验箱高度及长度

采用大型岩土有限元分析软件Plaxis建立Z式引板-土的组合模型进行试验预分析,Z式引板和砂土均采用二维平面应变单元,引板与砂土之间的接触本构采用界面接触单元进行模拟,其中接触界面折减系数取0.6。引板混凝土及砂土本构分别采用线弹性及摩尔-库仑模型。

利用上述有限元模型,可分别计算得到Z式引板近台端受到纵桥向水平推和拉(4cm)时,Z式引板-土相互作用对砂沿纵桥向及深度方向的位移影响范围。将Z式引板远台端对应的砂面至纵桥向水平位移为零处砂面的水平距离定义为影响长度L;将Z式引板下板末端底至砂土竖向位移为零处砂面的竖向距离定义为影响深度D,如图6-4所示。分别在两组Z式引板近台端施加纵桥向水平推和拉,根据计算结果位移云图得到两组Z式引板在不同加载工况下的最大影响长度L_{max}和最大影响深度D_{max}。分析发现L_{max}为1.78m,D_{max}为0.13m。根据影响长度和深度可反算试验箱长度和高度。试验箱砂土高度设为1.8m,引板下板底与试验箱底部最小高度值为0.48m(大于D_{max})。考虑到试验过程中远台端砂土的隆起,本试验箱侧板顶部需高于所填砂面0.15m,因此试验砂箱高取1.95m。试验箱长度设为13.5m,引板远台端距试验箱后墙最小值水平距离为2.72m(大于L_{max}),满足要求。

6.1.2.2　试验箱宽度

为方便Z式引板试件安装,引板试件沿宽度方向两侧与试验箱之间各预留4cm空隙。考虑到引板试件宽度为100cm,故试验箱宽度设置为108cm。

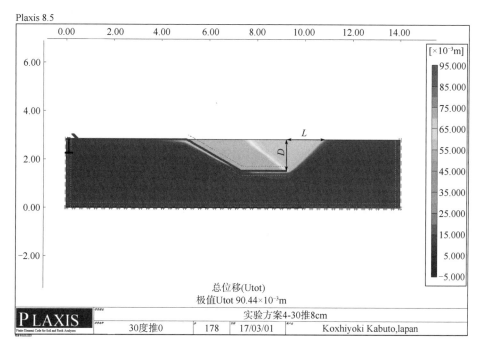

图 6-4　计算模型砂土位移云图

6.1.2.3　试验箱构件细节设计

试验箱由底板、北墙、南墙、前墙和后墙组成,如图 6-5 所示。底板上间隔 50cm 处设有直径为 10cm 的孔洞,通过螺杆将其与试验室地面锚固固定。为防止试验加载过程中侧墙出现面外倾覆问题,在南墙、北墙及后墙均设有与墙体垂直的加劲缀板。为直观观测试验过程中 Z 式引板与砂土发生相互作用时,引板受力及运动情况以及受载砂的滑裂面展开情况,在试验箱南墙设有透明亚克力板和钢化玻璃。

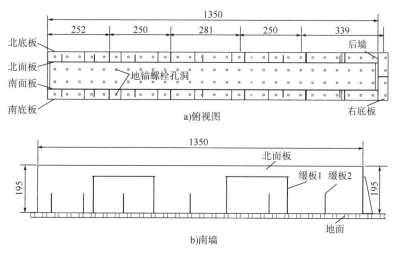

图 6-5　试验箱设计图(尺寸单位:cm)

试验箱前墙由3块预制混凝土块和钢板组成。试验箱后墙由钢板及加劲缀板组成，主要起围挡试验砂箱远台端端部砂土的作用。

6.1.3　加载系统

为模拟主梁因温度变形、混凝土收缩徐变等因素引起的纵桥向胀缩变形对Z式引板的纵桥向水平位移作用，本试验对加载系统进行特殊设计。该加载系统从反力墙至Z式引板试件依次为反力墙、底座、MTS作动器、加长件、水平连接件、约束装置（预制混凝土前墙）和引板试件，如图6-6所示。其中，加长件是因场地限制而定制的水平钢构件，该构件用于传递MTS作动器的纵桥向水平加载位移。

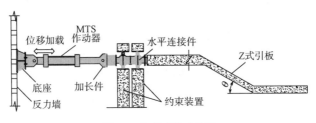

图6-6　加载系统示意图

6.1.4　加载方案

采用福州大学50t MTS电液伺服作动器进行纵桥向水平位移加载。为模拟温度变化导致主梁纵桥向的胀缩变形传递至Z式引板近台端的推拉位移，试验加载方案分为单向推和单向拉两种工况，其中单向推位移记为正值，单向拉位移记为负值。梁段的温度胀缩变形计算见式(6-1)。根据《公路桥涵设计通用规范》(JTG D60—2015)第4.3.12条规定，混凝土的线膨胀系数α取0.00001；深圳属于温热地区，对于公路混凝土桥梁结构其最高与最低有效温度标准值分别取34℃与-3℃。同时根据《公路桥涵施工技术规范》(JTG/T 3650—2020)，混凝土的浇筑温度不宜高于28℃，冬天浇筑混凝土的入模温度应不低于10℃，故温度变化极值取升温Δt为24℃和降温Δt为31℃。马峦立交主线桥三跨总长87.92m，假设其温度不动点在桥梁纵桥向的中点处，温度变形覆盖区域的梁体长度l_t为45m。计算可得福建地区无缝桥理论最大膨胀变形为1.08cm，收缩变形为1.395cm。考虑到该桥的温度不动点可能不在桥梁纵桥向的中点处，试验的单向推和拉的加载位移均设为3cm。本试验中单向推和单向拉的具体加载制度列于表6-1中。

$$\Delta l_t = \alpha \times l_t \times \Delta t \tag{6-1}$$

式中：Δl_t——杆件（因温度变化引起的）胀缩变形；

　　　　α——材料线膨胀系数，本试验计算中α取0.00001；

　　　　l_t——温度变形覆盖区域的梁体长度；

　　　　Δt——有效温度变化值。

试验加载制度 表6-1

加载方向	加载步	位移(mm)	累计位移(mm)	速度(mm/s)	加载方向	加载步	位移(mm)	累计位移(mm)	速度(mm/s)
单向推	0	0	0	0.2	单向拉	0	0	0	0.2
	1	5	5	0.2		1	−5	−5	0.2
	2	5	10	0.2		2	−5	−10	0.2
	3	5	15	0.2		3	−5	−15	0.2
	4	5	20	0.2		4	−5	−20	0.2
	5	5	25	0.2		5	−5	−25	0.2
	6	5	30	0.2		6	−5	−30	0.2

考虑不同加载制度,两个 Z 式引板试件的 4 个加载工况列于表 6-2 中。

试验加载工况 表6-2

序号	引板类型	加载工况	斜板倾角(°)	上板板长(cm)	斜板水平长(cm)	下板板长(cm)	引板总长(cm)
1	ZAS30	ZAS30-Push	30	705	186.00	187.10	1078.1
2		ZAS30-Pull					
3	ZAS45	ZAS45-Push	45	705	108.40	187.10	1000.5
4		ZAS45-Pull					

6.1.5 数据采集方案

本试验数据采集方案分为三部分:①通过 MTS 作动器获取不同加载工况下 Z 式引板荷载-近台端纵桥向位移曲线;②在 Z 式引板及砂土中安装传感器实现数据采集,数据主要包括引板试件钢筋和混凝土应变、引板倾角及位移、台后砂面变形及土压力数据;③通过试验箱南墙钢化玻璃观测引板侧面裂缝及砂土表面裂缝开展情况。

6.1.5.1 Z 式引板近台端荷载-位移曲线

Z 式引板近台端纵桥向加载位移由 MTS 作动器控制,从中可直接获取近台端 MTS 反力值与加载位移之间的关系,同时在 MTS 加载端部布置位移计测量实际位移值 D_1,如图 6-7 所示。

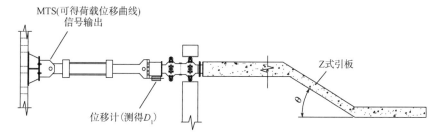

图 6-7 荷载-位移曲线采集系统

6.1.5.2 传感器测点布置系统

1) 引板钢筋及混凝土应变测点布置

(1) 在 Z 式引板试件上下两层钢筋对称布置钢筋应变片。钢筋应变片沿 Z 式引板试件中心线处钢筋纵向布置,记为主钢筋应变测点。ZAS30 和 ZAS45 引板分别设有 39 个和 38 个主钢筋应变测点。为防止主钢筋应变测点损坏而造成应变数据丢失,在中心线侧边的纵筋上布置钢筋应变片,记为副钢筋应变测点。ZAS30 引板和 ZAS45 引板各设有 20 个副钢筋应变测点。ZAS30 引板试件钢筋应变片布置如图 6-8 所示。

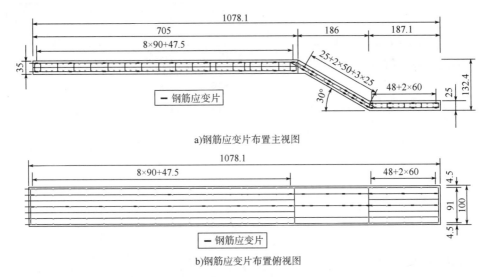

图 6-8　ZAS30 引板钢筋应变片布置图(尺寸单位:cm)

(2) 引板混凝土表面应变片布置。混凝土表面应变片布置方法与钢筋应变片布置类似,沿混凝土引板中心线上下表面分别布置 38 个和 36 个混凝土应变测点。ZAS30 引板混凝土表面应变片布置如图 6-9 所示。

图 6-9　ZAS30 引板混凝土表面应变片布置图(尺寸单位:cm)

2) 引板倾角及位移测点布置

无缝桥引板最关注受纵桥向推拉位移下引板纵桥向的受力性能。为避免 Z 式引板在纵向推拉位移作用下引起的自身转动或横向平动对试验结果的影响,有必要对受纵向推拉作用的 Z 式引板在非纵向的自身运动情况进行测量。本次测量主要包括引板在纵平面上的转动情况(通过倾角仪测得)和横向位移变化情况(通过测缝计测得)。

沿 Z 式引板上表面中心线布置一定数量的倾角仪 A_i 测量 Z 式引板各板纵向的转动。主要包括：加长件倾角测点，在水平连接件上表面布置一倾角仪，用 A_1 表示；Z 式引板上板转动测点，沿纵向中心线两端各布置一个倾角仪，分别用 A_2 和 A_3 表示；引板斜板转动测点，沿斜板纵向中心线两端各布置一个倾角仪，分别用 A_4 和 A_5 表示；引板下板转动测点，沿下板纵向中心线两端各布置一个倾角仪，分别用 A_6 和 A_7 表示。同时，随加载位移逐级测量水平连接件及 Z 式引板在纵向推拉加载时的转角变化。Z 式引板倾角测点布置如图 6-10 所示。

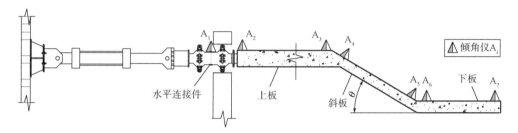

图 6-10 Z 式引板倾角测点布置图

6.1.6 试件安装

在完成加载系统的制作及采集方案测点布置后，需进行试件加载前的准备工作，主要包括以下步骤：Z 式引板下表面砂土放坡定位，砂面整平；试件吊装进场，考虑到试件体量庞大，为确保试件吊装进场时不受损坏，采用截面惯性矩较大的侧立吊装方式吊装；防砂装置安装，主要包括角钢及珍珠棉固定；试件翻转，考虑到试验砂箱宽度小不利于试件在箱内翻转，需提前将试件在试验箱外进行试翻转；试件吊装；完成试件吊装后需对 Z 式引板远台端进行填土，并对砂面进行整平；试件及所有传感器安装完毕后进行第 3 章的试验加载及相应测点数据采集。图 6-11 为试件定位安装照片。

图 6-11 试件定位安装

6.2 砂土材性试验

大量研究表明,相同的结构物表面,由于周围土性不同(碎散性、多相性、非均匀性、各向异性以及时空分布的变异性等),必将导致接触面上呈现不同的力学响应。因此,需开展本试验所用砂的直剪试验,测试其抗剪强度、垂直压力和内摩擦角等材料特性。采用电动式等应变直剪仪进行不同垂直压力的试验砂样直剪试验,如图6-12所示。直剪仪测力计率定系数 C 为 $1.823\text{kPa}/0.01\text{mm}$。根据试验结果绘制不同编号试验砂样的垂直压力-抗剪强度关系曲线,经计算,试验砂样的内摩擦角均值(φ_{avg})为35°。

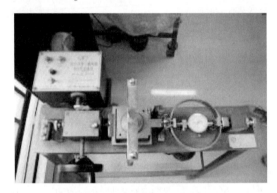

图6-12 试验砂样直剪试验

6.3 本章小结

本章以深圳马峦立交主线桥整体桥的 Z 式引板为研究对象,设计并制作了 Z 式引板及台后填土的模型试验,并从 Z 式引板工程背景、试件制作、加载装置制作及安装、加载方案等方面做了详细阐述。

(1)采用大型岩土非线性有限元软件 Plaxis 建立 Z 式引板-土有限元模型,考虑 Z 式引板-土相互作用,进行了试验箱的设计。利用该有限元模型,计算得到 Z 式引板在纵桥向水平推拉位移作用下,模型箱内砂土的纵桥向和竖向位移值。将引板远台端至纵桥向和竖向位移为零的砂土之间的最大距离定义为影响长度和深度。通过影响长度和深度,计算出试验箱所需要的最小长度和高度,并制作了满足 Z 式引板拟静定试验的试验模型箱。

(2)为观察试验过程中埋入式引板在砂土中的运动及裂缝产生情况,在试验箱南墙的钢板不同部位预留矩形孔,并设置了透明亚克力板及钢化玻璃。

(3)选取本试验中试验砂箱内砂土试样进行砂土直剪试验,获取了试验砂土的物理特性,砂样内摩擦角为35°,为下文有限元模型参数分析中砂土本构参数的模拟提供参考值。

第7章

Z式引板试验结果分析

7.1 荷载-近台端纵桥向位移曲线

Z式引板的荷载-近台端纵桥向位移曲线能够体现Z式引板与土之间的纵桥向组合刚度特性。

7.1.1 单向推作用

单向推作用下(工况为:ZAS30-Push 和 ZAS45-Push),Z式引板试件的荷载-位移曲线如图7-1所示。随单向推位移的逐级增加,荷载-位移曲线呈现弹塑性曲线的特点。为方便后续分析,本章定义以下关键点:a 为初始线性段终点,b 为非线性段终点,p 为荷载峰值点。根据曲线特征可将其大致分为以下三个阶段:

(1)在位移小于 a 点对应的位移值时,荷载-位移曲线呈现线性状态,如图7-1中 oa 段,将其定义为初始线性段。同时,将初始线性段 a 点的割线斜率值 k 定义为初始线性段的刚度值。

(2)当位移超过 a 点对应的位移值时,从图中易发现加载端水平反力增量明显减小,荷载-位移曲线呈现非线性状态,如图中 ab 曲线段,可将其定义为非线性段。

(3)随着位移继续增加,从图中易发现加载端荷载反力值基本不变或增长非常缓慢,荷载-位移曲线呈现线性状态,如图中 bp 段,可将其为定义第二线性段。

对比发现,纵桥向单向推位移作用下,ZAS30引板和ZAS45引板的荷载-位移曲线的初始线性段刚度值和荷载峰值均随斜板倾角的增大而减小。两个引板试件第二线性段的刚度值均很小,分别仅为相应初始线性段刚度值的0.65%和0.76%。由此可见,Z式引板在受到纵桥向单向推位移作用时,Z式引板荷载-位移曲线的初始刚度值和峰值荷载随引板斜板倾角的增加而有所减小。

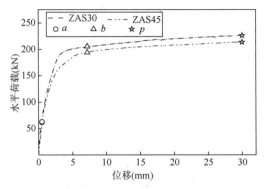

图 7-1　Z 式引板荷载-近台端纵桥向位移曲线(单向推)

7.1.2　单向拉作用

单向拉作用下(工况为:ZAS30-Pull 和 ZAS45-Pull),不同斜板倾角的 Z 式引板的荷载-近台端纵桥向位移曲线如图 7-2 所示。从图 7-2 中可知,随单向拉位移的逐级增加,荷载-近台端纵桥向位移曲线同样具有弹塑性曲线的特点。其中,荷载-近台端纵桥向位移曲线特征点定义及刚度取值同 7.1.1 小节。对比发现,随斜板倾角增大,荷载-近台端纵桥向位移曲线的初始线性段刚度值和荷载峰值均增大。第二线性段的刚度值很小,分别为初始线性段刚度值的 1.5% 和 0.74%。因此在单向拉作用下,增大 Z 式引板斜板倾斜角度同样可以增大 Z 式引板-土组合刚度值。

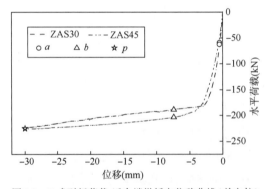

图 7-2　Z 式引板荷载-近台端纵桥向位移曲线(单向拉)

7.2　Z 式引板测点数据分析及引板裂缝开展

7.2.1　Z 式引板转动

为探明纵桥向单向推拉作用下 Z 式引板的转动情况,本小节对试验过程中 Z 式引板纵平面布置的相应倾角测点进行数据采集和分析,得到了两个 Z 式引板试件在不同工况下纵平面的转动情况,其测量结果如图 7-3 所示,其中倾角仪的布置位置及编号如第 6 章所示。分析图 7-3可知,在纵桥向单向推拉作用下,不同工况对应水平连接件及 Z 式引板各倾角仪的转角数据均小于 0.22°,且引板试件的最大转角出现 ZAS30-Push 工况下的下板位置,即 A_7 为 0.22°。对比分析 A_4、A_5 与 A_6、A_7 两组测点倾角仪数据发现,Z 式引板在受推时,两个引板试件的斜板和下板转动趋势相反,故可判定斜板和下板之间均存在微转动,但该转角相对相应引板斜板倾角很小,仅为 ZAS30 引板斜板 30°的 0.73%,故可认为纵桥向水平推拉位移作用下,Z 式引板未发生转动,基本上呈刚体位移。

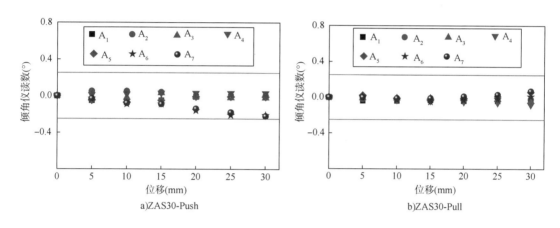

图 7-3 Z 式引板纵平面的转角测量结果

7.2.2 Z 式引板裂缝开展情况

Z 式引板构造特殊,其上板和斜板交接处(M1 区)以及斜板和下板交接处(M2 区)的混凝土可能最先出现开裂,如图 7-4 所示。通过试验箱南墙上预设的钢化玻璃观测点,监测纵桥向单向推拉作用下,Z 式引板侧表面混凝土的裂缝开展情况。

监测发现:纵桥向单向推 22mm 时,ZAS30 引板 M1 区出现微裂缝;而纵桥向单向推 30mm 时,M2 区未出现微裂缝。纵桥向单向拉 18mm 时,ZAS30 引板 M2 区出现微裂缝;而纵桥向单向拉 30mm 时,M1 区未出现微裂缝。

监测发现:纵桥向单向推 24mm 时,ZAS45 引板 M1 区出现微裂缝;而纵桥向单向推 30mm 时,M2 区未出现微裂缝。纵桥向单向拉 22mm 时,ZAS45 引板 M2 区出现微裂缝;而纵桥向单向拉 30mm 时,M1 区未出现微裂缝。

综合对比分析裂缝开展情况与荷载-位移曲线,发现该裂缝对 Z 式引板荷载-位移曲线没有影响,因此裂缝对试验结果的影响可忽略不计。

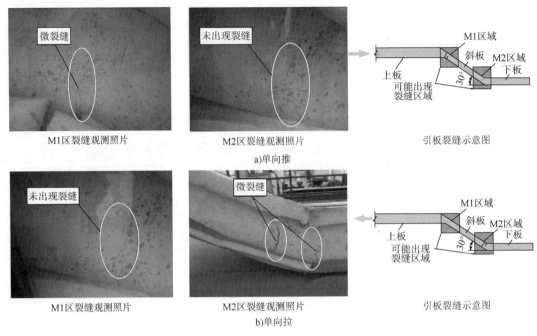

图7-4 ZAS30引板侧面裂缝观测情况

7.2.3 Z式引板应变

为验证通过试验箱南墙上预设钢化玻璃观测到的Z式引板裂缝出现位置以及相应纵桥向推拉位移值的精确性,分别选取位于Z式引板M1和M2区的钢筋和混凝土应变测点数据进行分析。分析钢筋应变测点数据发现:位于两个引板试件M1和M2区的钢筋应变值均小于600$\mu\varepsilon$,该应变值小于钢筋材性试验得到的钢筋屈服应变(1994$\mu\varepsilon$)。因此,可判断在纵桥向推拉30mm范围内,Z式引板的钢筋均未发生屈服。分析混凝土应变测点数据发现:纵桥向单向推22mm时,ZAS30引板M1区的混凝土应变值增大至238.09$\mu\varepsilon$;纵桥向单向推24mm时,ZAS45引板M1区的混凝土应变值增大至339.05$\mu\varepsilon$,大于混凝土峰值拉应变,混凝土出现开裂。纵桥向单向拉22mm时,ZAS30引板M2区的混凝土应变值增大至210.01$\mu\varepsilon$;纵桥向单向拉24mm时,ZAS45引板M2区的混凝土应变值增大至210.47$\mu\varepsilon$,大于混凝土峰值拉应变,混凝土出现开裂。从应变测点分析发现,引板混凝土裂缝出现位置及对应的纵桥向单向推拉位移值与7.2.2小节引板试件混凝土裂缝观测结果吻合。对比两个引板试件开裂时对应的纵桥向推拉位移值发现,ZAS45引板吸纳变形能力优于ZAS30引板。

7.3 本章小结

本章通过开展Z式引板在受到纵桥向单向受推及单向受拉的位移下,Z式引板-土相互作

用的室内试验研究,得到以下结论:

(1)位移加载过程中,Z式引板近台端纵桥向的荷载-位移曲线大致呈现三个阶段,分别是初始线性段、非线性段与第二线性段。其中,ZAS45引板非线性段长度大于ZAS30引板,故ZAS45引板-土组合刚度过渡平缓,不易出现刚度突变引起引板或路基表面的破坏。

(2)对于ZAS30引板和ZAS45引板,增大Z式引板斜板倾斜角度可以增大Z式引板-土组合刚度值。

(3)在Z式引板近台端施加纵桥向水平推拉位移,Z式引板各板的转角均小于0.5°。可认为纵桥向水平推拉位移作用下,Z式引板未发生转动。

(4)在Z式引板近台端施加纵桥向水平推拉位移,其水平连接件及引板远台端的横向位移均小于5mm。可认为纵桥向水平推拉位移作用下,Z式引板的横向位移影响可忽略不计。

(5)通过试验箱南墙上的有机玻璃观测Z式引板混凝土侧表面(Z式引板相对薄弱区域),监测发现Z式引板受到24mm推或拉位移时,其上板和斜板交接处以及斜板和下板交接处出现微裂缝,通过分析发现该细微裂缝不影响Z式引板正常工作,即对荷载-位移曲线等参数没有影响。

第 8 章 Z 式引板有限元分析

8.1 有限元模型建立

8.1.1 模型简述

Z 式引板和砂均采用八节点线性六面体缩减积分实体单元(C3D8R)进行模拟,钢筋采用两节点线性三维桁架单元(T3D2)进行模拟。为保证计算精度,模型网格划分的原则是:变形越大处网格划分越精细,防止单元过度扭曲造成不收敛。对模型网格合理划分后:ZAS45 模型共有 12611 个单元,其中 Z 式引板包括 948 个 C3D8R 单元,砂包括 7798 个 C3D8R 单元,钢筋为 3865 个 T3D2 单元;ZAS30 模型共有 12872 个单元,其中 Z 式引板包括 1218 个 C3D8R 单元,砂包括 8472 个 C3D8R 单元,钢筋为 3182 个 T3D2 单元。ZAS30 引板和砂土的整体及各部件有限元模型如图 8-1 所示。对引板近台端的参考点施加与试验加载制度一致的纵桥向位移,模拟 Z 式引板受到主梁传递而来的纵桥向胀缩变形。

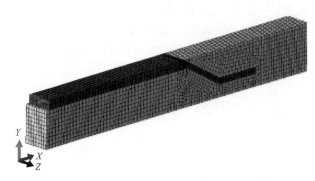

图 8-1 ZAS30 引板和砂土的整体及各部件有限元模型

8.1.2 边界条件及接触本构定义

8.1.2.1 边界条件定义

根据试验实际情况对有限元模型边界条件进行定义。本有限元模型试验箱对砂具有不同的约束边界条件,其中砂土底面固结 U2;土体四个侧面约束 U1 和 U3,根据第 2 章加载制度对 Z 式引板近台端设置的参考点进行位移加载。

8.1.2.2 Z 式引板-土接触关系

结构-土接触关系通常可采用两种方式进行模拟:一是接触面上相互作用力或应力的法向与切向分量和接触面上相对位移的法向与切向分量之间接触面本构关系;二是接触面单元,它是有限元计算中用以模拟接触面力学特性的一种特殊单元。

本文有限元模型中的 Z 式引板与砂土之间采用主从(Master-Slave)接触算法,即通过设置主从约束建立接触本构关系。其中主从表面的选择原则是:从属表面的网格划分应比主截面更加精细;若网格密度相近,应选择较柔软的材料表面为从属表面。因此,本模型中将 Z 式引板表面设为主面,砂土表面设为从属表面。为减小加载速率对有限元计算值的影响以更准确模拟试验,有限元模型中 Z 式引板-砂土接触本构的切向行为采用基于滑动率的摩擦罚函数。Z 式引板近台端设置的参考点与引板近台端采用点-面耦合,引板钢筋骨架则以内嵌的方式嵌入引板中。

8.1.3 材料本构

8.1.3.1 混凝土本构模型

对于混凝土引板,ABAQUS 中的塑性损伤模型由于能够考虑混凝土在往复荷载作用下的裂缝开展及闭合、塑性损伤以及刚度恢复程度等力学行为而被大多数学者采用。因此,本书采用塑性损伤模型来模拟混凝土 Z 式引板在拟静力试验过程中的受力性能。

本书有限元模型中,混凝土塑性损伤模型所需指定的参数均按《混凝土结构设计规范》(GB 50010—2010)取值,并计算应力-应变骨架曲线中各参数及非弹性应变和损伤因子。

根据材性试验得到的混凝土立方体抗压强度实测值为 40MPa,弹性模量 E_c 为 32621MPa,抗拉强度 $f_{t,r}$ 本书近似取立方体抗压强度的 1/10, $\varepsilon_{t,r} = 137 \times 10^{-6}$,$\alpha_t = 5$,$\varepsilon_{c,r} = 1790 \times 10^{-6}$,$\alpha_c = 1.94$。按照上述方法就可以得到定义塑性损伤模型所需的全部参数。混凝土本构相关参数取值见表 8-1 ~ 表 8-3。

混凝土受拉本构参数取值　　　　表 8-1

参数	E_c(MPa)	$\varepsilon_{t,r}$	α_t	ρ_t
取值	32621	137×10^{-6}	5	0.89504

混凝土受压本构参数取值 表8-2

参数	E_c (MPa)	$\varepsilon_{c,r}$	α_c	ρ_c	n
取值	32621	1790×10^{-6}	1.94	0.68503	3.17491

混凝土本构其他参数 表8-3

参数	ψ	ε	α_f	K_c	μ	w_t	w_c
取值	38	0.1	1.16	0.66667	0.0005	0	0.3

分析中,混凝土本构模型均采用考虑了材料拉压性能差异的塑性损伤模型。根据材性试验结果得到 Z 式引板混凝土的弹性模量为 32621MPa。混凝土密度 ρ 取 2450kg/m³;泊松比 μ 取 0.2。利用 ABAQUS 分析时,塑性损伤模型有 5 个材料参数需要设定,分别是膨胀角、流动势偏移值、双轴与单轴初始屈服强度比 f_{b0}/f_{c0}、黏性系数 μ 以及拉压子午面第二应力不变量的比值 K_c。本书混凝土塑性损伤模型主要参数取值见表8-4。

混凝土塑性损伤模型主要参数取值 表8-4

模型参数	取值	参数意义
膨胀角	32°	定义子午面上双曲线流动势能面的形状
流动势偏移值	0.1	
f_{b0}/f_{c0}	1.16	决定屈服面在平面应力及偏平面上的形状
K_c	2/3	
黏性系数 μ	0.005	决定可能由于应变软化导致的分析是否可以收敛

8.1.3.2 钢筋本构模型

本书采用理想弹塑性模型模拟钢筋应力-应变关系曲线,可采用式(8-1)进行计算。当钢材达到屈服应力后,承载能力保持不变。根据材性试验结果,钢筋弹性模量 E_s 取 2.08×10^5 MPa,屈服应力 σ 取 415.52MPa。泊松比 μ_s 根据《钢结构设计标准》(GB 50017—2017),取 0.3。

$$\begin{cases} 弹性阶段: \sigma = E_s \varepsilon & (0 < \varepsilon \leq \varepsilon_y) \\ 塑性阶段: \sigma = f_y & (\varepsilon_y < \varepsilon \leq \varepsilon_u) \end{cases} \quad (8-1)$$

式中:σ——钢筋应力;

E_s——钢筋的弹性模量;

f_y——钢筋的屈服强度;

ε——钢筋应变;

ε_y——与 $f_{y,r}$ 相应的钢筋屈服应变;

ε_u——与 $f_{st,r}$ 相应的钢筋峰值应变。

8.1.3.3 砂土本构模型

本书有限元模型采用摩尔-库仑屈服准则模拟砂土本构关系。砂土本构关系参数根据第 6 章的直剪试验结果确定。考虑到砂土剪胀角在室内直剪试验中难以获得,本书剪胀角取为内摩擦角的 1/3,砂土本构参数取值列于表8-5 中。

土体本构参数取值   表8-5

材料	弹性模量 E（MPa）	密度 ρ（kg/m³）	黏聚力 c（Pa）	泊松比 ν	内摩擦角 φ（°）	剪胀角 ψ（°）	本构
砂	60.0	1900	100	0.30	35	11.67	摩尔-库仑

8.2 有限元模型校验

本节对比 ZAS30 和 ZAS45 试件的试验实测和有限元模型计算结果，验证本章建立的有限元模型的精确性，并主要从荷载-位移曲线及远台端砂土滑裂面宽度等参数进行校核。

将有限元模型的 Z 式引板荷载-近台端纵桥向位移曲线与第 3 章的试验荷载-位移曲线进行对比，如图 8-2 所示。与试验曲线类似，有限元荷载-位移曲线也可分为三段：初始线性段、非线性段和第二线性段。与试验曲线相比，有限元荷载-位移曲线的非线性段长度较短且第二线性段曲线斜率较平缓。这是由于试验过程中箱内砂土的密实度随着加载位移增大而不断增大，荷载值也不断增加；而有限元计算过程中砂土的密实度基本保持不变。

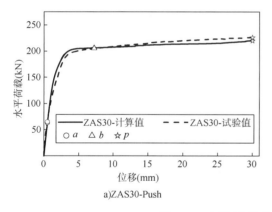
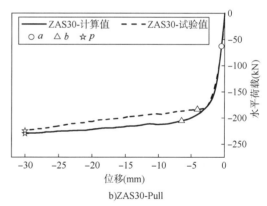

a)ZAS30-Push   b)ZAS30-Pull

图 8-2 Z 式引板荷载-位移曲线试验与有限元对比

分析发现，试验和有限元荷载-位移曲线的荷载峰值和初始线性段刚度值误差均控制在 3% 范围内，可判断本节建立的有限元模型可较精确地模拟 Z 式引板-土相互作用试验结果。

8.3 参数分析

8.3.1 对 Z 式引板-砂土相互作用影响

前述 ZAS30 和 ZAS45 引板的试验与有限元计算结果对比可验证 ABAQUS 有限元模型的

精确性。试验试件的参数有限,为进一步探讨不同参数对 Z 式引板-砂土相互作用的影响,本节以 Z 式引板斜板倾斜角度为参数,采用有限元模型开展参数分析。

斜板倾角作为 Z 式引板一个重要参数,通过改变其倾斜角度值,能使 Z 式引板体现不同类型传统引板的特性。本节以 Z 式引板斜板倾角为参数,分别将角度增量取为 0°(为方便下文分析,以下记该斜板角度引板为"面板式引板")、15°、30°、45°(背景工程 Z 式引板斜板倾角)。为深入探讨 Z 式引板斜板倾角与台后填土材料内摩擦角的关系,增加斜板倾角为 35°(该角度同试验砂土内摩擦角值)的情形,并增加斜板倾角为 25°的情形以提高斜板倾角的影响规律性,同时考虑到斜板倾角大于 45°时不便于施工,因此本次参数分析最大斜板倾角取为 45°。为减小其他因素的影响,开展斜板倾角参数分析时,保证 Z 式引板的上板板长和下板长度以及埋置深度不变。不同斜板倾角的 Z 式引板有限元参数分析具体几何参数详见表 8-6。

Z 式引板有限元参数分析具体几何参数一览表　　　　表 8-6

工况	斜板倾角 $\theta(°)$	引板总长 L_0 (cm)	上板板长 L_u (cm)	斜板水平长 L_{in} (cm)	下板板长 L_d (cm)	埋置深度 d (cm)
ZAS0	0	1074.10	—	—	—	—
ZAS15	15	1288.90	705.00	400.80	187.10	132.00
ZAS25	25	1118.40	705.00	230.30	187.10	132.00
ZAS30	30	1074.10	705.00	186.00	187.10	132.00
ZAS35	35	1041.70	705.00	153.40	187.10	132.00
ZAS45	45	995.50	705.00	107.40	187.10	132.00

8.3.1.1 单向受推阶段

图 8-3 为不同斜板倾角的 Z 式引板受到纵桥向单向推位移作用时,有限元计算模型的 Z 式引板荷载-近台端纵桥向位移曲线。分析可以发现,不同斜板倾角的 Z 式引板荷载-近台端纵桥向位移曲线均可大致分为三个阶段:初始线性段、非线性段和第二线性段。

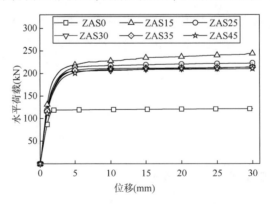

图 8-3　不同斜板倾角的 Z 式引板荷载-近台端纵桥向位移曲线(单向推)

对比不同斜板倾角的荷载-位移曲线可以发现：纵桥向单向推作用下，Z式引板能通过改变斜板倾角值来调整荷载-位移曲线的初始刚度、峰值荷载以及第二线性刚度值。斜板倾角在15°~45°范围内呈现以下规律：荷载-位移曲线的初始刚度和峰值荷载随斜板倾角增大而减小；当斜板倾角为45°时初始刚度和峰值荷载均为最小值，分别为122960kN/m和210.74kN。不同斜板倾角的荷载-位移曲线的第二线性段刚度值均较小，小于其相应初始刚度的0.57%。

对比面板式引板和Z式引板的荷载-位移曲线可以发现：面板式引板的初始刚度和峰值荷载均远小于Z式引板，分别比ZAS45引板的初始刚度和峰值荷载低27.85%和42.29%。面板式引板荷载-位移曲线的非线性段长度约为Z式引板的1/5。非线性段越长，刚度变化越平缓，越不易引起因刚度突变而带来的引板结构或路面的破坏。

8.3.1.2 单向受拉阶段

图8-4为不同斜板倾角的Z式引板受到纵桥向单向拉位移作用时，有限元计算模型的Z式引板荷载-近台端纵桥向位移曲线。从图中可以看出，不同斜板倾角的Z式引板荷载-近台端纵桥向位移曲线均可大致分为三个阶段：初始线性段、非线性段和第二线性段。

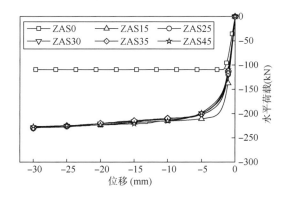

图8-4 不同斜板倾角的Z式引板荷载-近台端纵桥向位移曲线（单向拉）

对比不同斜板倾角的荷载-位移曲线可以发现：纵桥单向拉作用下，Z式引板能通过改变斜板倾角值来调整荷载-位移曲线的初始刚度、峰值荷载以及第二线性刚度值。斜板倾角在15°~45°范围内呈现以下规律：荷载-位移曲线的初始刚度和峰值荷载随斜板倾角增大而减小；当斜板倾角为45°时初始刚度和峰值荷载均为最小值，分别为119460kN/m和226.95kN。不同斜板倾角的荷载-位移曲线的第二线性段刚度值均较小，小于其相应初始刚度的0.82%。

对比面板式引板和Z式引板的荷载-位移曲线可以发现：面板式引板的初始刚度和峰值荷载均远小于Z式引板，分别比ZAS45引板的初始刚度和峰值荷载低25.05%和51.84%。面板式引板荷载-位移曲线的非线性段长度约为Z式引板的1/5。非线性段越长，刚度变化越平缓，越不易引起因刚度突变而带来的引板结构或路面的破坏。

8.3.2 参数影响系数计算

Z式引板的特殊构造使Z式引板-砂土相互作用受到斜板倾角影响。本小节基于8.3.1小节中斜板倾角对Z式引板荷载-近台端纵桥向位移曲线峰值荷载和初始刚度计算结果,并以本书背景工程中斜板倾角为45°的Z式引板的计算结果为基准,确定Z式引板-砂土相互作用的主要影响参数。为便于后文分析,本小节用 α_θ 和 β_θ 表示斜板倾角对Z式引板荷载-近台端纵桥向位移曲线的峰值荷载和初始刚度的影响系数,其计算方法见式(8-2),式中,p_θ 和 k_θ 分别表示各斜板倾角下Z式引板荷载-近台端纵桥向位移曲线的峰值荷载和初始刚度,p_0 和 k_0 分别表示 ZAS45 引板荷载-近台端纵桥向位移曲线的峰值荷载和初始刚度。斜板倾角对Z式引板荷载-近台端纵向位移曲线的峰值荷载和初始刚度的影响系数计算结果示于图8-5中。为定量分析各参数影响系数之间的关系,表中同时计算得到参数影响系数与ZAS45引板相应影响系数的差值 $\Delta\alpha$ 和 $\Delta\beta$。

$$\alpha_\theta = p_\theta/p_0, \beta_\theta = k_\theta/k_0 \tag{8-2}$$

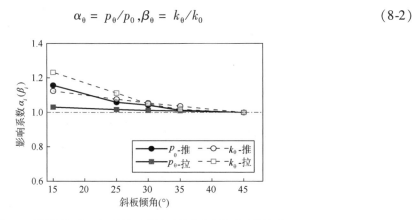

图 8-5 斜板倾角对Z式引板组合刚度及峰值荷载影响系数关系

从图8-5可以看出,不同斜板倾角对Z式引板荷载-近台端纵桥向位移曲线的峰值荷载和初始刚度的影响呈现非线性。纵桥向单向推拉作用下,斜板倾角在15°~45°范围内,Z式引板荷载-位移曲线的峰值荷载和初始刚度的影响系数均随斜板倾角增大而逐渐减小;当斜板倾角为45°时取到最小值。斜板倾角在30°~45°范围内,影响系数减小幅度较平缓,且斜板倾角对峰值荷载影响小于其对初始刚度影响。本书将斜板倾角确定为Z式引板的主要影响参数之一。

8.4 Z式引板远台端路面平整度分析

为定量分析不同参数对Z式引板受到纵桥向推或拉位移时,其远台端路面平整度的影响规律,本节采用前述ABAQUS有限元模型计算得到Z式引板远台端的砂面纵桥向和竖向位移变化值。根据瑞士规范提出的路面坡度变化准则,计算出 Z 式引板远台端砂面沿纵桥向的竖向位移变化率(χ(以下分析均采用坡度变化值 χ 来量化 Z 式引板远台端路面平整度,对于考虑纵桥向单向推位移工况下的坡度变化值用 χ_{push} 表示,对于考虑纵桥向单向推位移工况下的坡度变化值用 χ_{pull} 表示),该坡度变化准则同时考虑了竖向位移变化 $w(x)$ 以及水平纵向位移变化,其中 χ_{adm} 为坡度变化容许界限值,对于普通公路 χ_{adm} 取 25‰,对于高速公路 χ_{adm} 取 20‰,路面坡度变化值与纵桥向距近台端的距离之间对应的曲线记为坡度变化曲线。

图 8-6 为不同斜板倾角(参数同 8.3.1 小节,斜板倾角分别为 15°、25°、30°、35°和 45°)Z 式引板远台端路面坡度变化曲线图。考虑纵桥向单向推位移,分析发现 Z 式引板的斜板倾角在 15°~45°范围内,其远台端路面坡度变化值均小于 20‰。可以判定任意斜板倾角的 Z 式引板受到纵桥向单向推位移时,远台端路面坡度变化满足高速公路路面平整度要求。考虑纵桥向单向拉位移,分析发现随着斜板倾角增加,Z 式引板远台端路面坡度变化值增加;当 Z 式引板的斜板倾角在 15°~35°范围内,远台端路面坡度变化大于 20‰但小于 25‰;当 Z 式引板的斜板倾角大于 35°时,远台端路面坡度变化大于 25‰。可以判定斜板倾角在 15°~35°范围内的 Z 式引板受到纵桥向单向拉位移时,远台端路面坡度变化满足普通公路路面平整度要求。

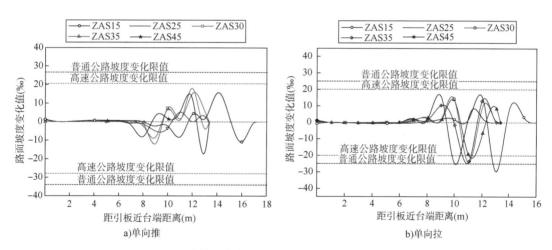

图 8-6 不同斜板倾角 Z 式引板远台端路面坡度变化曲线图

为定量分析路面平整度与斜板倾角之间的关系,从而确定路面平整度限值范围内斜板的临界倾角值,通过选取图 8-6 纵桥向单向推和单向拉位移时,不同斜板倾角的 Z 式引板对应的坡度变化曲线中坡度变化值的绝对值极值,绘制坡度变化值与斜板倾角关系图,如图 8-7 所示。分析可知,受到纵桥向单向推位移时,任意斜板倾角的 Z 式引板远台端面平整度均满足高速公路平整度限值要求。受到纵桥向单向拉位移时,斜板倾角与 Z 式引板远台端面平整度呈正相关,且当 Z 式引板斜板倾角介于 19.19°~44.23°时,其远台端路面平整度满足普通公路平整度限值要求。

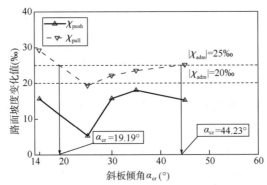

图8-7 最大坡度变化值与Z式引板斜板倾角关系图

8.5 本章小结

（1）本章通过荷载-位移曲线对建立的ZAS30和ZAS45引板有限元模型计算结果与试验实测分析进行验证校核，其结果较为吻合，验证了本章建立的有限元模型的精确性。

（2）Z式引板能通过改变斜板倾角值来调整引板荷载-近台端位移曲线的初始刚度、峰值荷载以及第二线性刚度值，以改善引板的工作性能。相对于面板式引板，Z式引板的初始刚度至少能提高25.05%，相应峰值荷载至少能提高42.29%，同时面板式引板对应荷载-位移曲线非线性段长度仅为Z式引板的1/5，极易因刚度突变导致引板结构或路面的破坏。

（3）对于不同倾角的Z式引板，斜板倾角在15°和45°范围内呈现以下规律：单向推时，荷载-位移曲线的初始刚度和峰值荷载随斜板倾角增大而减小；当斜板倾角为45°时，初始刚度和峰值荷载均为最小值，分别为122960kN/m和210.74kN。不同斜板倾角的荷载-位移曲线的第二线性段刚度值均较小，小于其相应初始刚度的0.82%。单向拉时，荷载-位移曲线的初始刚度和峰值荷载随斜板倾角增大而减小；当斜板倾角为45°时，初始刚度和峰值荷载均为最小值，分别为119460kN/m和226.95kN。不同斜板倾角的荷载-位移曲线的第二线性段刚度值均较小，小于其相应初始刚度的0.82%。

（4）不同斜板倾角对Z式引板荷载-近台端纵桥向位移曲线的峰值荷载和初始刚度的影响呈现非线性。纵桥向单向推拉作用下，斜板倾角在15°~45°范围内，Z式引板荷载-位移曲线的峰值荷载和初始刚度的影响系数均随斜板倾角增大而逐渐减小；当斜板倾角为45°时取到最小值。斜板倾角在30°~45°范围内，影响系数减小幅度较平缓，且斜板倾角对峰值荷载的影响小于其对初始刚度的影响。

（5）任意斜板倾角的Z式引板受到纵桥向单向推位移时，远台端路面坡度变化满足高速公路路面平整度要求。受到纵桥向单向拉位移时，斜板倾角与Z式引板远台端路面平整度呈正相关，且当Z式引板斜板倾角介于19.19°~44.23°之间时，其远台端路面平整度满足普通公路平整度限值要求。

参 考 文 献

[1] 陈宝春,庄一舟,BRUNO B. 无伸缩缝桥梁[M]. 北京:人民交通出版社,2013.

[2] 林志平,彭大文. 美国整体式桥台无伸缩缝桥梁调查与分析[J]. 世界桥梁,2006(4):64-67.

[3] 朱晓宁,葛云,贡庆国. 整体式桥台桥梁的发展及应用[J]. 现代交通技术,2006,3(6):30-33.

[4] 王婧,李青山,周效威. 简支梁桥改造为整体式桥台桥梁的实现[J]. 山西建筑,2008,34(23):330-331.

[5] 林志平,彭大文. 整体式桥台桥梁设计与实践的发展现状[J]. 世界桥梁,2005(4):13-17,24.

[6] BURKE M P. Integral and semi-integral bridges[M]. Oxford,UK:Wiley-Blackwell,2009.

[7] 汪新惠,彭大文. 整体式桥台桥梁的动力特性及参数研究[J]. 福建建筑,2005(3):18-20.

[8] TOBIA Z,BRUNO B,LAN C. Parametric and pushover analyses on integral abutment bridge[J]. Engineering Structures,2011,33(2):502-515.

[9] 彭大文,汪新惠,洪锦祥. 无伸缩缝桥梁的动力特性研究[J]. 地震工程与工程振动,2003,23(4):95-99.

[10] ZHAO Q H,REZA V F,BURDETTE E G. Seismic analysis of integral abutment bridges including soil-structure interaction[C]// American Society of Civil Engineers Structures Congress 2011,[S. l. :s. n.],2011:289-303.

[11] 黄福云,庄一舟,付毳,等. 无伸缩缝梁桥抗震性能与设计计算方法研究[J]. 地震工程与工程振动,2015,35(5):15-22.

[12] 马竞,金晓勤. 我国第一座整体式全无缝桥梁——广东清远四九桥的设计思路[J]. 中南公路工程,2002,27(2):32-34.

[13] 洪锦祥,彭大文. 永春县上坂大桥的设计——无伸缩缝桥梁的应用实践[J]. 福建建筑,2004,90(5):50-52.

[14] BRUNO B,薛俊青,兰成,等. 整体式桥台桥梁极限长度[J]. 建筑科学与工程学报,2014,31(1):104-110.

[15] FRANCO J M. Design and field testing of jointless bridges[D]. West Virginia:West Virginia University,1999.

[16] 张亮,宁夏元. 设置小边跨的无缝连续梁桥设计[J]. 中南公路工程,1998,23(2):18-20.

[17] 金晓勤,邵旭东. 整体式无缝桥梁的研究与应用[J]. 重庆交通学院学报,2002,21(3):7-10.

[18] 于天来,李伯岩,刘洋,等. 整体式桥台桥梁细部构造设计[J]. 中外公路,2011,31(2): 193-195.

[19] 董桔灿,陈宝春,BRUNO B,等. 多跨空心板简支梁桥整体化改造设计[J]. 建筑科学与工程学报,2015(5): 73-80.

[20] XUE J Q. Retrofit of existing bridges with concept of integral abutment bridge—static and dynamic parametric analyses[D]. Trento: University of Trento,2013.

[21] TERZAGHI K. Theoretical soil mechanics[M]. New York: John Wiley and Sons Inc,1943.

[22] 中华人民共和国交通运输部. 公路桥涵地基与基础设计规范: JTG 3363—2019[S]. 北京: 人民交通出版社股份有限公司,2020.

[23] HALIBURTON T A. Soil-structure interaction: Numerical analysis of beams and beam-columns[D]. Stillwater: Oklahoma State University,1971.

[24] MATLOCK H. Correlation for design of laterally loaded piles in soft clay[C]// Proceedings of the 2nd Offshore Technology Conference, Houston: [s. n.],1970: 577-594.

[25] REECE L C,COX W,KOOP F. Field testing and analysis of laterally loaded piles in stiff clay[C]// Proceeding of the 7th Offshore Technology Conference, Houston: [s. n.],1975: 671-690.

[26] SULLIVAN W R,REESE L C,FENSKE C W. Unified method for analysis of laterally loaded piles in clay[C]// Numerical Methods in Offshore Piling,[S. l.:s. n.],1980: 135-146.

[27] O'NEILL M W,MURCHISON J M. An evaluation of p-y relationships in sands[R]. Houston,1983.

[28] KIM B T,KIM N K,LEE W J,et al. Experimental load-transfer curves of laterally loaded piles in Nak-Dong River sand[J]. Journal of Geotechnical and Geoenvironmental Engineering,2004,130(4): 416-425.

[29] American Petroleum Institute. Recommended practice for planning,designing and constructing fixed offshore platforms—working stress design: API RP 2A-WSD[S]. Washington, D. C.: American Petroleum Institute,2000.

[30] 唐玉风. 无伸缩缝桥梁埋入式引板工作机理研究[D]. 福州: 福州大学,2018.

[31] AKTAN H,ATTANAYAKE U,ULKU E. Combining link slab,deck sliding over backwall,and revising bearings[R]. Western Michigan University,2008.

[32] MA S. Bridge approach slab analysis and design incorporating elastic soil support[D]. Columbia: University of Missouri-Columbia,2011.

[33] BAYOGLU F. Soil-structure interaction for integral bridges and culverts[J]. Structural Engineering International,2004,21(2): 169-174.

[34] ALVAREZ M,KAUFMANN W. Swiss federal roads office guidelines for integral bridges[J].

Structural Engineering International,2011,21(2):189-194.

[35] WONG H K W,SMALL J C. Effect of orientation of approach slabs on pavement deformation[J]. Journal of Transportation Engineering,1994,120(4):590-602.

[36] 金晓勤,邵旭东.半整体式全无缝桥梁研究[J].土木工程学报,2009,42(9):68-73.

[37] 邵旭东,占雪芳,金晓勤,等.带地梁的新型半整体式无缝桥梁温度效应研究[J].中国公路学报,2010,23(1):43-48.

[38] 占雪芳,邵旭东.半整体式无缝桥中带预压缝的配筋接线路面温降效应[J].土木工程学报,2011,44(11):74-78.

[39] 占雪芳.半整体式全无缝桥合理结构体系研究[D].长沙:湖南大学,2011.

[40] 邵旭东,陈志新,金晓勤,等.无缝桥加筋接线路面的拉伸变形性能[J].中国公路学报,2010,23(6):34-40.

[41] 张四平,邓安福,李世蓉.软质岩中嵌岩桩模型试验技术的研究[J].重庆建筑工程学院学报,1990(3):68-76.